中国产业新城发展研究报告

(2018~2019)

主编／黄群慧　张五明

副主编／刘雨诗　叶振宇　刘伟

ANNUAL REPORT ON CHINA'S INDUSTRIAL NEWTOWN DEVELOPMENT (2018-2019)

社会科学文献出版社
SOCIAL SCIENCES ACADEMIC PRESS (CHINA)

编委会

主　编

黄群慧　中国社会科学院工业经济研究所所长、研究员，产业中国研习社学术委员

张五明　产业中国研习社创始人，中国社会科学院雄安发展研究智库理事，中国企业管理研究会常务理事

副主编

刘雨诗　产业中国研习社高级研究员，中国人民大学博士

叶振宇　中国社会科学院工业经济研究所产业布局室副主任、副研究员

刘　伟　中国社会科学院国家金融与发展实验室全球经济与金融研究中心研究员，中国社会科学院城市与竞争力研究中心主任助理，《The global urban competitieness report》联合主编

执笔人

马晨一　张阿曼　孟烨　林宇阳

目 录

序 言 ··· 001

Ⅰ 总报告 面向新时代的中国产业新城发展

第一章 关于本书的基本认识 ·· 001
第二章 产业新城的概念演进与实践发展 ······························ 008
第三章 产业新城开发的宏观环境 ······································ 021

Ⅱ 专题篇

第四章 认知：产业新城的内涵与外延 ································ 035
第五章 回顾：产业新城的形成路径 ···································· 051
第六章 盘点：产业新城的发展模式 ···································· 070
第七章 解读：产业新城的功能输出 ···································· 092
第八章 发现：产业新城的多维价值 ···································· 101

Ⅲ 国内案例篇

第九章 国内典型案例介绍与模式评价 ································ 110

Ⅳ 国际借鉴篇

第十章　国际成功案例盘点与经验学习·· 142

Ⅴ 评价篇

第十一章　产业新城竞争力指标体系·· 150
第十二章　产业新城竞争力评价结果·· 159

Ⅵ 热点篇

第十三章　回顾：产业新城与中国改革开放四十年······························ 166
第十四章　展望：新时代产业新城高质量发展路径······························ 176

Ⅶ 附录

附录1　全国主要产业新城项目及基本情况介绍···································· 185
附录2　全国主要产业新城运营商及基本情况介绍································ 207
附录3　参考文献··· 220

序　言

　　一个国家的经济现代化过程是工业化与城市化互动发展的过程。工业化为城市化提供了经济基础，而城市化为工业化提供了优质要素和广阔的需求市场。从工业化与城市化的历史演进和互动关系看，在工业化初期，主要是工业化进程推动了城市化的进程，而到了工业化中后期，城市化进程的加快又牵引了工业化进程的推进。2018年是改革开放40周年，改革开放以来，中国成功快速地推进了工业化，经济取得了举世瞩目的伟大成就，1979~2016年国内生产总值的年平均增长率约为9.6%，已发展成为世界第二大经济体，中国总体的工业化进程从初期阶段快速发展到工业化后期阶段。总体而言，中国的工业化进程总体上符合工业化和城市化的演进规律。进入21世纪后，中国进入工业化中后期，城市化进程不断加快，对工业化进程牵引作用明显。

　　在工业化与城市化互动发展的现代化进程中，中国有许多伟大的创举，包括集聚现代产业发展要素的经济特区、产业园区、经济新区、特色小镇等各种实践，其中仅产业园区又划分为很多种类，按照国家发改委、国土资源部、商务部、科技部和住建部的相关统计口径，我国产业园区主要包括国家级经济技术开发区、国家级高新技术产业开发区、国家级边境经济合作区、保税区、国家级出口加工区、其他国家级开发区、省级经济开发区、省级高新技术产业园区、省级特色工业园区九种类型，而这九类中的国家级经济技术开发区与国家级高新技术产业开发区是我国园区开发的两个重要类型。另外，我国园区开发还有现代农业园区、物流园区、创意园区、科技园区等基于产业的细分类型，产业新城也是众多创举中十分重要的一种。虽然从严格角度界定，各类园区会有具体的差别，但本质上都是产业和区域的融合，也是工业化和城市化互动推进的集中载体。

产业新城的概念，源自于对工业化和城市化进程中出现的产业与城市发展不协调问题的反思和创新，源自于对工业化和城市化进程中产城融合现实需求的把握和满足。在现实中，产业和城市发展之间存在着"时间上不同步"和"空间上无互动"的双重错位：一方面，城镇公共服务供给滞后影响了产业转型升级的正常步伐；另一方面，产业集聚效果不明显制约了城镇承载功能的完善。工业化和城市化不能良性互动就会造成产业因缺乏城市而孤岛化、城市因缺乏产业而空心化。产业新城试图成为一种新型经济开发模式，针对上述错位问题，建设以产业为先导、具有完备的基础设施和公共服务功能的新型城区，通过"以产兴城、以城促产、产城融合、城乡协调"实现产业要素成长和区域空间配置的科学协调。如果我们从直观上理解，可以从"产""城""新"三个关键字来诠释"产业新城"试图达到的理想模式：所谓"产"，就是产业发展，产业新城要求发展的产业应该是能够实现要素集聚、产业效率提升、促进就业增长、符合城市需求的产业。按照现代产业成长的路径和趋势，在建设产业新城中，可以有孵化创新产业、传统优势产业改造升级、打造优势产业集群、推动产业融合发展、推动承接产业转移和产业合作、推进产业生态化绿色化改造等一系列实践和做法；所谓"城"，就是城市发展，产业新城期望发展的城市是满足基础设施完备、公共服务完善、人口集聚合理以及自然环境宜居等各项要求的城市，这要求在服务产业发展的基础上坚持"以人为本"，建设完备的城市市政、生活、住宅、商业、教育医疗和休闲娱乐等功能配套，满足形成一个真正意义上的"城"；所谓"新"，就是创新发展，产业新城的开发模式是创新发展，创新是引领发展的第一动力，要想实现"产"和"城"的发展要求，必须通过创新发展方式，产业新城的"新"不仅体现在与传统园区的区别，而且意味着其以创新为根本驱动力，促进整体产业健康发展与城市科学发展的协同。

作为新城运动的一种创新模式，产业新城并不是一个严格的学术概念，但在实践中产业新城非常具有生命力，其内涵和外延在实践中也不断得到丰富发展。从现有的实践看,产业新城作为区域经济开放型发展的窗口和平台,改变了封闭式单一的政府直接开发模式,融入外部市场体系,在构建大中小城市和小城镇协调发展的城镇化格局中效果比较突出。如河北省固安县等一度落后的农业地区,通过引入战略合作方共同建设产业新城的探索,为破解县域经济难题找到了切实可行的路径。产业新城发展模式所凝结的思路、做法和经验,对大多数产业结构封闭、初级化特征突出的县域经济体而言,有着重要的借鉴意义,对于推进经济转型和可持续发展的新型城市建设,也有一定的示范价值。

还有一点值得注意的是,在产业新城开发的摸索过程中,除了地方政府及平台公司,作为第三方的国家资本和社会资本也扮演了愈发重要的角色。比如,华夏幸福借助在资本运作、产业孵化、招商引资方面的相对竞争优势,一方面通过与地方政府合作,帮助其解决城市开发过程中的融资、招商、产业培育等问题;另一方面也将产业新城作为一个集规划、建设、运营于一体的综合性服务产品,纳入到城市开发的市场供给中,形成了具有创新价值的商业模式。另外,以中信集团、招商局集团为代表的国家资本,凭借自身的资本、行业资源、品牌等竞争优势,在产业新城的空间布局、产业结构中更多体现了国家在城市发展与改革中的导向价值。新的开发主体的介入,对中国城市发展的市场化进程意义深远,在实践中产生的新的理念、模式、规则,将在一定程度上回应中国在改革进入深水区后产生的新的问题,同时也将倒逼改革制度体系的创新与完善。

但是产业新城毕竟是一个新生事物,还面临很多问题,例如,产业新城与其他产业园区的学术概念界定和现实开发模式究竟有何区别,产业新城和特色小镇有何关系,从发展经济学、区域经济学等学理视角如何看待产业新城,这些都需要持续跟踪研究。无论是理论研究还是实践,首先要对现实问题及其进展把握清楚,这也就是我们编写《中国产业新城发展研究报告(2018~2019)》的基本初衷。

这是第一本《中国产业新城发展研究报告》,我们期望通过连续编写《中国产业新城发展研究报告》,从而真实记录产业新城的发展足迹,研究产业新城发展面临的重大问题，总结产业新城发展的优秀实践，为产业新城问题研究提供相应的系统性资料，为政府决策提供参考依据，为企业发展提供相应的指导。当然，作为一种新的尝试，可能会有这样那样的问题，我们诚恳期望大家批评指正，以期未来进一步完善，从而更好地服务于中国工业化和城市化互动发展的现代化进程。

黄群慧

2018 年 8 月

总报告　面向新时代的中国产业新城发展

第一章
关于本书的基本认识

自 20 世纪 80 年代起，中国城镇化进程已逾 40 年，在不断推进的城镇化历程中，我国在新城新区建设上的实践为全球城市开发与运营提供了丰富的案例和借鉴。"产业新城"作为其中一种亮眼的建设模式，代表了技术与产业融合、产业与城市融合、环境与人融合的理念，是透视中国新型城镇化未来的一枚镜片。尽管产业新城在理论与实践上都得到了极大的关注，然而作为中国城镇化的重要成果之一，尚无公共机构对产业新城所代表的城市开发运营的模式、理念、案例、价值、影响和未来进行系统的梳理和研究。

一　本书研究重点

当前我国许多地方都在兴建产业新城，"产业新城"概念在各类媒体上均有出现。然而，什么是产业新城？在诸多文献中很难找到产业新城的基本定义。本书的研究重点,就是对产业新城做了一个较为全面合理的阐释。结合对国内外区域经济、产业新城的研究,我们认为,产业新城是以产业为先导,具有完备的基础设施和公共服务功能的新型城区(镇)。作为一种区域发展方式,具有目标多元、要素集成、互动高效的特点,通过"以产兴城、以城带产、产城融合、城乡统筹"实现区域的科学协调发展。具体来说,产业新城的发展不追求单一目标,而是追求经济发展、政治稳定、文化繁荣、社会和谐、生态文明,尊重客观发展规律,实现经济建设、政治建设、文化建设、社会建设和生态建设的相互统一和互动融合。同时,产业新城是要素高效配置的空间载体,是资源、资本、劳动力、技术等各种要素的集成并实现不同利益主体之间的高效互动、协调发展。产业新城不是"睡城""空城"和"堵城",而是具有产业支撑、人口适度集聚和空间合理开发的区域发展载体,能够实现城乡要素的有序流动,产城的互动融合和城乡的协调发展[1]。

拆文解义,产业新城的内涵界定可以从"产业""新"和"城"这三个方面展开。

其一,产业新城的核心在于"产业"。产业的健康发展是产业新城的灵魂,优秀的产业新城自有一套完整的产业生态系统,其中包括明确的支柱产业,且该产业必须在城市 GDP 中占有一定比重,以形成以一种或多种产业为驱动力从而带动整个城市发展的新型发展模式,同时还需要有支柱产业外的辅助产业,由此共同组成一个具备较强抗风险能力的产业体系,以防沦为"空城""卧城"。产业新城的产业内涵包括产业导入、产业培育、创新发展三个方面,最终以产业发展对所在区域或城市的经济贡献为落脚点,体现为全方位的产业发展能力。

其二,产业新城的关键在于"新"。"新"是指城市功能形态的焕然一新,在开发模式上既可以是在老城周边建立的新的反磁力增长地区,也可以

---

[1] 李勇:《县域工业进园区"睡城""堵城"变产业新城》,《中国经济周刊》2013 年 2 月 25 日。

是对老城的改造升级。同时，"新"还体现在运营模式的优势和创新方面，产业新城不再是传统的政府直接开发的园区模式，而是更多地强调政企合作，通过一些市场化的手段共同促进新城的建设运营和发展。

其三，产业新城的根本在于"城"。产业新城区别于传统产业园区的根本差异体现在城市建设方面，即具有完整的城市功能。"城"是产业新城开展一切生产、生活的载体，这就要求除了产业的基本配套，还需要有完备的城市市政、生活、住宅、商业、教育、医疗和休闲娱乐等功能配套，各类功能用地配比需科学合理，满足基础设施完备、公共服务完善、人口集聚合理以及自然环境宜居等各项要求，形成一个真正意义上的"城"。

二　本书研究框架

本书的篇章构成安排如下。

第一，通过文献梳理、走访调研、数据收集、测评排名，明确了产业新城概念的内涵和外延的标准表达，梳理了产业新城实践中所蕴含的经济学理论及代表性学派。

第二，对产业形成的路径进行时间与空间上的梳理，明晰了产业园区化、园区城市化、城市现代化、产城一体化四种过程，描述了产业新城的发展特征、经验、方向、机遇与挑战，通过国内外典型案例分析提炼出产业新城全生命周期各个环节的开发模式。

第三，分析产业新城模式在资源整合、综合开发、经济发展、社会效益等多方面的优势及创新，并按照科学性、全面性、独立性、可调整性与可行性原则，结合专家意见，设计出囊括产业集聚与发展竞争力、城市配套建设与发展竞争力、产城融合可持续发展竞争力三大准则层、十二大次准则层、39个指标的产业新城竞争力指标体系。

第四，在全国范围内按一定准入条件收集、筛选出符合标准的产业项目样本，按照自主设计的科学、全面的产业新城竞争力指标体系，对样本进行汇总性、全面性的测评排名。

第五，最后根据排名情况，为产业新城设计出主动发挥政府管理能动性、积极导入规划创新理念、重视优化新城产业结构、合理调控新城开发规模、完善新城配套政策措施五大发展路径，为中国探索产业发展与经济转型提供可借鉴的意见，推进中国高速高质的城镇化建设进一步发展。

三 本书研究价值

- 本书的实践意义在于：

一是总结产业新城成功模式，为多主体参与建设提供借鉴。产业新城作为中国城镇化的重要成果之一，尚无公共机构对产业新城所代表的城市开发运营的模式、理念、案例、价值、影响、未来进行系统的梳理和研究。

如今，产业新城已进入快速发展阶段，众多新型市场主体急速涌入产业新城运营领域，行业参与主体愈发多元。如开发区向产业新城转型发展、传统地产企业由开发卖房转至开发运营、产业主体凭借自身优势自主建设产业新城等，然而在自身转型与进入行业的过程中，产业结构如何调整与升级、城市功能如何建设与完善、空间结构如何变化、管理体制如何转型等多方面的问题并无系统的模式与经验可供借鉴，学界与行业内外对如何建设产业新城以及如何向产业新城转型的讨论还不够全面。

本书通过文献梳理、走访调研、数据收集、测评排名，明确了产业新城概念的内涵和外延的标准表达，梳理了产业新城实践中所蕴含的经济学理论及代表性学派，以国内外相关案例为基础，总结出产业新城的发展历程、实践探索中形成的不同模式、各个流派的开发运营逻辑，从而得到产业新城的成功经验以及在开发、建设、运营过程中面临的挑战。

二是摸索新型城镇化建设方式，为政府规划提供参考。自20世纪80年代以来，中国快速城镇化进程已逾30年，人口从乡村向城市流动的过程中，城市的边界随之扩张，新的土地空间被纳入城市界域，因此中国的城镇化进程亦是新城新区初生、发展的历史。然而在以工业化为推动力的城市化进程中，产业结构落后、城市交通拥堵、就业压力剧增等问题愈演愈烈，我国城镇化建设已然进入新阶段，面临的诸多难点、痛点，必须用新方法解决。

当今我国城镇化处于加速阶段，如何解决前一阶段的遗留问题，继续又快又好、保速保量地发展是新型城镇化建设面临的主要问题，产业新城或许是能够起到重要作用的选择。产业新城通过引入市场化手段，培育战略性新兴产业特色集群，发挥产业集聚作用，使得原本的"产城分离"向"产城融合"转变，同时推动研究机构、创新人才与企业相对集中，促进不同创新主体良性互动，为"大众创业，万众创新"的有力推进提供实现平台，是城镇化建设的全新模式，也是透视中国新型城镇化未来的一枚镜片。本书对产业新城的形成路径进行了时间与空间上的梳理，明晰了产业园区化、园区城市化、城市现代化、产城一体化四种过程，描述了产业新城的发展特征、经验、方向、机遇与挑战，通过案例分析提炼出产业新城全生命周期各个环节的开发模式，从而为推进新型城镇化的各级政府提供参考经验。

三是推动中国经济与产业转型，实现中华民族伟大复兴。随着我国经济进入新常态，经济增长速度逐步放缓，经济发展方式面临转变，经济增长动力开始发生变化。目前我国正处于向经济强国奋进的新的历史起点上，对世界经济新局势和自身发展形势进行准确把脉，并找到未来持续发展的突破口，是一项复杂、系统的重大战略任务。产业转型是经济转型的基础，是体制转型的先导，产业新城能够为要素高效配置提供空间载体，促使资源、资本、劳动力、技术等各种要素集成并实现不同利益主体之间的高效互动与协调发展，有利于产业结构的调整与升级。

本书通过分析产业新城模式在资源整合、综合开发、经济发展、社会效益等多方面的优势及创新，在对全国范围内的已建产业新城项目进行测评排名后，设计出主动发挥政府管理能动性、积极导入规划创新理念、重视优化新城产业结构、合理调控新城开发规模、完善新城配套政策措施五大发展路径，为中国探索产业发展与经济转型提供建议，助力中国在改革之路上不断进步，实现中华民族伟大复兴。

- 本书的理论价值在于：

一是完善相关学术理论。改革开放40年间，中国不仅创造了经济高速增长的奇迹，城镇化建设不断加速、城镇化率提升40%，同样创造了举世瞩目的成绩。人口从乡村流向城市、边界随之扩展、新的土地被不断纳入，城镇化的进程离不开新城新区的初生与发展。中国在新城新区的建设实践上大胆创新，为全球的城市开发与运营提供了丰富的案例和借鉴。在反复摸索的过程中，很多城市开发、规划的理念也逐渐成为共识。产业新城虽非中国首提，在全球多个国家都可见产城相融的踪影，但政治体制与政府功能的差异，使得产业新城在转型中的中国发挥了异常强大的作用，形成了具有浓厚本土化色彩的特有经验。

现阶段，产业新城成为越来越热的理论与实践话题，引起了城市规划学、经济学、地理学等不同专业领域学者的关注，行业内外也有不少研究机构对产业新城进行调研、分析与排名，但仍然缺少对产业新城相关概念系统性、全面性的阐释，同时尚未建立起最新实践和经典理论的衔接。本书首先对产业新城相关概念进行解析、提炼出标准化产业新城的内容框架，梳理产业新城的形成进程、已有模式及价值。同时通过资料梳理与实际调研，搭建较为完整的案例库，基于真实案例对我国产业新城在现阶段的发展情况进行全面介绍，总结出中国模式与经验，以补充已有城市开发与规划等相关理论，同时提炼产业新城建设背后所蕴含的经济学规律与实践理念，将其纳入中国区域经济理论研究之中，在丰富研究对象、拓展研究领域的同时，也使产业新城的未来发展有了更多元的学理支撑与指导。

二是设立行业评判标准。我国的新城建设，自20世纪70年代中国香港规划建设新城起，到北京2004年提出"两轴－两带－多中心"的城市空间结构，再到今天越来越多主体参与建设，行业发展迈过起步期，进入快速成长期。当下，有必要建立一套评判体系以规范愈发庞大与繁杂的行业环境，这有利于产业新城的进一步推进与发展，向更标准化的成熟期迈进。

在评价主体的选择上，产业新城虽需依靠企业与政府开发、建设、运营，但核心依然为真正体现产业新城经济与社会效益、能够被借鉴的是已落地的一个个"新城项目"，因此有必要从项目入手，对产业新城项目进行有针对性的测评与排序。本书按照科学性、全面性、独立性、可调整性与可行性原则,在对产业新城标准概念、发展历程、发展现状进行深度分析的基础上,结合专家意见,设计出囊括产业集聚与发展竞争力、城市配套建设与发展竞争力、产城融合可持续发展竞争力三大准则层、十二大次准则层、39个指标的产业新城竞争力指标体系,为行业分析提供评判标准,同时也为理论研究提供了基本标准。同时,在全国范围内按一定准入条件收集、筛选出符合标准的产业项目样本,按照自主设计的科学、全面的产业新城竞争力指标体系,对样本进行汇总性、全面性地测评排名,供相关行业和学术研究机构参考,也为之后的继续讨论奠定基础。

第二章
产业新城的概念演进与实践发展

产业新城作为一种新型开发模式,是在新型城镇化背景下,以人为核心、以产业发展为基石、以"产城融合"为标志的城市发展创新模式和人本的城市开发哲学,为中国的新型城镇化提供了可资借鉴的模式样本。作为新城运动的一种创新模式,产业新城在多个国家和地区被推广运用,其内涵和外延也不断得到丰富发展。本章从产业新城的起源出发,以理论为支撑、以时间为纽带,较为详尽地介绍了早期产业新城的历史演变,以及近年来国内外的实践进程,以期梳理出较为完整系统的产业新城发展脉络。

一 国外:概念起源与实践

新城运动的起源可追溯至 20 世纪的英国,作为工业化和现代化发育最早的国家,英国的工业化所带动的城市化进程为其他各国提供了参考。新城是城市规划实践中的一种尝试——为应对大都市中人口和经济活动过分集中等问题,平衡人口、就业、居住空间,在原有城市以外规划新的空间单元即新城,通过设置住宅、产业、公共服务中心以重新安置人口。在第一代、第二代新城运动中,英国以缓解大城市人口压力为主要目的,建设了一系列新城以供居住。二战后,西方各工业国家普遍进入经济发展的"黄金时期",人口数量与密度的急剧增长、市区产业聚集的不断增强,使得大城市占地迅速向外蔓延,形成单中心高度密集的城市形态,但中心城区人口密度过高的城市结构并不利于城市的有效管理与持续发展,城市交通压力急剧上升、住房供给紧张、房价和地价快速攀升、城市环境恶化等一系列问题产生。

为此，西欧各发达国家开始效仿英国，为疏解城市功能进行了大规模的卫星城建设。最初，各国建造卫星城的主要目的是吸纳来自中心城区的人口，但随着战后经济的不断恢复，人们对生活的要求逐步提高，仅接纳大都市过剩人口的新城开始暴露诸多缺点。比如，其在空间联系上过分依赖新城中心区、密度太低、人口规模小、难以提供充足的文娱或其他服务设施、缺乏生气和活力等。因此，至20世纪70年代，以英国为首的西方国家再次掀起新城建设和扩张的高潮，试图吸引来自城市中心城区的就业和产业，使新城既要作为大城市过剩人口的疏散点，又要成为区域的发展中心，第三代新城运动就此开始。

新城建设往往带有政府特定的战略意图，其发展模式的选取会因实际国情与执政理念的不同而发生变化。与英国新城建设发展历程不同的是，20世纪20年代，美国人口城市化水平刚超过50%，城市化速度便放缓，此后，大城市的人口和产业向郊区扩散，城市结构由单中心向多中心演化，郊区新城建设高潮开始出现，郊区新城与中心城市构成了大都市区。当时，许多新城属于典型的"卧城"，只发展少量的商业和生活服务业，主要满足新城当地居民的自身需求。不同历史情境下，城市需要解决的问题不同，新城建设的目的也自然有了时间与空间上的差异。

而在发展过程中，由于被不断添加因国情而异的规划理念，新城建设逐渐形成了多种模式。比如，以国家立法为基准、在政府主导下由新城开发公司进行规划建设的田园新城，随城市郊区化发展自然形成的边缘新城，以公共交通为导向开发的TOD新城，对城市中心区域或政府依附性较强的副中心新城、行政中心新城，以及以一种或多种产业为驱动力从而带动整个城市发展的产业新城。其中，产业新城在政府主导下，以发展新兴产业和缩小地区差距为出发点，选择合适的区位集中开发，建设产业园区和居民区，壮大重点支持产业，能够在较短时间内吸纳大量就业人口，促进城市与产业互融，形成带动区域发展和实现国家战略意图的新增长极，因此在各国家转型期发挥了重要作用。20世纪70年代，韩国政府在距首尔都市区较远的庆尚北道建了昌原、龟尾等产业新城，重点发展电子、精密仪器、电机等新兴产业；20世纪70年代中期，日本政府在距离东京约60公里处建设筑波科学城，引入大量研究机构与技术人才，以筑波大学为纽带，重点发展电子信息等高新技术产业，对国家产业转型升级与结构调整起到重要作用。

近些年来，学界发现，大范围建设新城可能存在削弱大城市尤其是中心区的国际竞争力、影响世界城市建设的风险。大城市尤其是中心城市往往是一国经济发展的"龙头"，是国家参与国际分工与竞争的重要主体，纽约、伦敦、巴黎等城市在经历了新城建设有效疏解"大城市病"后，开始面临核心城区逐渐萎缩的问题，为确保其在全球层面的吸引力与领导力，其城市规划开始转而强调核心区的紧凑发展。如2004年以来，伦敦先后出台四部规划，明确伦敦成为欧洲主导城市和世界城市的发展定位，并贯彻增长、公平及可持续发展三个基本原则。如今反观国内，由于所处发展阶段不同而导致的新城建设风险开始出现，我国"大城市病"尚未解决。而新城建设尤其是产业新城，对疏解城市功能、调整产业结构、发展多中心都市布局、促进区域协同发展的作用被诸多国家实践证明，开展新城建设、发展产业新城无疑是转型期的合适选择。

二 国内：概念演进与实践

（一）业内实践发展

国内在产业新城领域的实践最早可以追溯到20世纪。彼时，为了应对人口迅速增长对香港本岛和九龙市区带来的各种压力，中国香港从20世纪70年代就开始规划建设新城。新城在香港规划史上占有重要的位置，在香港整体发展中也扮演了积极的角色。香港的新城，是指在中心市区外围合适的地点建造的居民区、工业区以及相关的社会服务设施，以吸引新增人口定居并疏散旧城人口，从而缓解市区中心在住宅、交通和就业等方面日益增加的压力，避免城市的恶性膨胀。香港新城建设积累下的主要经验在于，产业新城需要明确功能定位、规划较为完善的职能、确定较高的规划建设标准、建设快捷的交通以及统筹兼顾各阶层。

在内地，城镇化一直是国家关注的对象。始于1953年的大规模工业化建设使大批农民流入城市，1957~1960年，全国城镇人口从9950万增长至13070万，城镇化率由15.39%增长至19.75%，一定程度上出现了"过度城镇化"现象。为减轻城市供给负担，国家于1960~1963年实施了压缩城镇人口的调整方针。1962年10月6日，中央下发了《关于当前城市工作若干问题的指示》[1]，指出要调整市镇建制、缩小城市郊区、完成减少城镇人口的计划。

改革开放以来，国家明确提出要"提高对城市和城市建设重要性的认识"。1978年4月，党中央批转了《关于加强城市建设工作的意见》[2]（以下简称《意见》）。《意见》指出"城市是我国经济、政治、科学、技术、文化、教育的中心，在社会主义现代化建设中起着主导作用。城市建设是形成和完善城市多种功能、发挥城市中心作用的基础性工作"，并提出了"控制大城市规模、发展中小城镇"的城市工作基本思路。

20世纪80年代，世界新技术革命兴起，在中国改革开放大潮中，科技、工业园区应运而生，并逐步发展为中国较早的产业新城。

1988年，武汉东湖新技术产业开发区创建成立，1991年被国务院批准为首批国家级高新区，2001年被国家发展计划委员会、科技部批准为国家光电子产业基地，即"武汉·中国光谷"，2007年被国家发改委批准为国家生物产业基地，2009年被国务院批准为全国第二个国家自主创新示范区，2011年被中组部、国务院国资委确定为全国四家"中央企业集中建设人才基地"之一，2016年获批国家首批双创示范基地，并获批为中国（湖北）自由贸易试验区武汉片区。截至2017年，东湖高新区规划面积为518平方公里，下辖8个街道、八大产业园区，集聚了42所高等院校、56个国家及

---

[1] 中共中央、国务院：《关于当前城市工作若干问题的指示》，1992年10月。
[2] 中共中央：《关于加强城市建设工作的意见》，1987年4月。

省部级科研院所、66名两院院士、20多万专业技术人员和80多万在校大学生[①]。2016年，东湖高新技术区企业总收入高达11367亿元，申请专利突破2万件，同比增长30%以上。

1992年7月，张江高科技园区作为中国国家级高新技术园区在上海浦东新区成立。1999年8月，上海市委、市政府颁布了"聚焦张江"的战略决策，明确园区以集成电路、软件、生物医药为主导产业，集中体现创新创业的主体功能。2005年9月7日，国家发改委第56号公告公布《第四批通过审核的国家级开发区名单》，张江高科技园区位列其中。经过二十余年的开发，园区构筑了生物医药创新链、集成电路产业链和软件产业链的框架。园区有国家上海生物医药科技产业基地、国家信息产业基地、国家集成电路产业基地、国家半导体照明产业基地、国家863信息安全成果产业化（东部）基地、国家软件产业基地、国家软件出口基地、国家文化产业示范基地、国家网游动漫产业发展基地等多个国家级基地[②]，并建有国家火炬创业园、国家留学人员创业园。2016年，上海张江高科技园区的净利润为328亿元，同时，园区在工业总产值、营业收入、稳健性指标方面均位于上海规模性园区首位。

1994年2月，苏州工业园区作为中国和新加坡两国政府间的重要合作项目，经国务院批准设立，同年5月实施启动，行政区划面积为278平方公里，其中，中新合作区80平方公里，下辖4个街道，常住人口约80.78万人。截至2015年12月，苏州工业园区建成各类科技载体380余万平方米、公共技术服务平台30多个、国家级创新基地20多个；国际科技园、创意产业园、中新生态科技城、苏州纳米城等创新集群基本形成，增加科技项目约500个，拥有各类研发机构356个、国家高新技术企业554家；万人有效发明专利拥有量达57件，PCT国际专利申请136件；上市公司总数达13家[③]。

[①] 金兵兵、秦亮军、刘业光、刘志辉：《城市开发区土地集约利用评价研究——以武汉东湖新技术开发区为例》，《安徽农业科学》2012年1月20日。
[②] 《聚焦新经济——上海张江高科技园区》，《科学中国人》2017年12月1日。
[③] 朱琳：《现代工业园区的文化断裂与文化再生——基于中新苏州工业园区年俗调研的思考》，《长江文化论丛》2017年9月30日。

2017年实现地区生产总值2350亿元，同比增长7.2%；实际利用外资9.3亿美元、固定资产投资476亿元；R&D投入占GDP比重达3.48%；社会消费品零售总额455亿元，同比增长12%；城镇居民人均可支配收入6.6万元，同比增长7.7%。在全国经开区综合考评中位居第1，在全国百强产业园区中排名第3，在全国高新区排名上升到第5，均达到历史最好成绩。

2002年，创新发展、智慧生态、宜居宜业的固安产业新城项目启动，这一案例在我国产业新城发展史上尤为引人瞩目。产城融合是新型城镇化的主导方向，在京津冀一体化中发挥重要作用，正是基于此，"以城带产、以产兴城、产城融合、城乡一体"的全新发展理念让固安成为产业新城的县域样板。2002年，固安县政府与华夏幸福采用PPP市场化运作模式打造固安产业新城，拉开了固安"一年一大步，三年大变化"的快速发展序幕。2002年，固安全县财政收入仅1.1亿元、发展水平位列廊坊市10个县（市、区）中的后两名。而到2017年，固安全县财政收入完成98.5亿元，增长了近100倍；一般公共预算收入完成41.4亿元，总量居河北省第三位。依托于经济的腾飞，固安不断提升城市承载功能，推动城乡统筹协调发展，城乡面貌快速提升、基础设施更为完善、居民收入稳定增长。固安用16年实现华丽转身，这一切都起源于华夏幸福产业新城项目的模式创新，即破除路径依赖，引入市场力量，通过PPP模式为市场为委托区域提供全流程综合性整体解决方案。

2002年6月，固安县政府与华夏幸福签订协议，按照工业园区建设和新型城镇化的总体要求，采取"政府主导、企业运作、合作共赢"的市场化运作方式，倾力打造"产业高度聚集、城市功能完善、生态环境优美"的产业新城，正式确立了政府和社会资本的合作模式。起步阶段，华夏幸福以最好的资源保障吸引企业入驻，随着入驻园区的企业增加，华夏幸福开始布局园区内部的升级整合。华夏幸福以开发运营的产业新城为平台，在城市发展的不同阶段，根据人口、产业集聚程度和需求增长程度，在平台上接入产业投资与运营、教育培训、医疗健康及商贸物流服务等多元化配套业务，从而最大限度地获取区域经济发展带动的与产业转型升级和居民消费升级相关的投资与服务收益。站在当下回顾过去，以产城融合推进新型城镇化是一条有效途径，县域经济的发展在京津冀一体化中发挥了重要作用[①]。华夏幸福建设运营的固安产业新城以产业为先导、以城市为依托，建设产业高度聚集、城市功能完善、生态环境优美的新城区，是产业新城模式的一大突破性创新，是推动地方产业转型升级的动力引擎，具有样本性的借鉴意义。

2007年，大厂县委、县政府与华夏幸福合作共同打造大厂产业新城。10年后的2017年，《住房城乡建设部关于命名2017年国家园林城市的通报》（建城〔2017〕225号），公布了2017年国家园林城市名单，其中大厂入选国家园林县城，这意味着在京津冀协同发展的战略背景下，将大厂建设成为"北京城市副中心后花园"的工作迈上了新的台阶。"国家园林县城"是对县域生态环境和经济社会发展综合水平的全面检验，是住建部根据《国家园林县城标准》评选出来的分布均衡、结构合理、功能完善、景观优美、人居生态环境清新舒适、安全宜人的县城，而这样一个称号花落大厂，是对大厂高质量的城市建设和发展水平的最中肯评价。从昔日的畜牧之乡到国家园林县城，离不开大厂产业新城的身影。作为以先进规划理念构建全新产业体系的大厂产业新城，以"五个坚持"为核心理念，以生态绿色为底板，以幸福城市为载体，以创新驱动为内核，以产业集聚为抓手，以人民幸福为根本，建设创新型产业集聚、城市功能完善、生态环境优美的生态城市，打造区域转型升级的新引擎。在经济发展方面，通过完善的产业促进体系，构建区域经济发展综合解决方案；在城市发展方面，以提升人的幸福感为出发点，打造幸福城市；在民生保障方面，已形成一套体系完善、可持续的民生保障模式。未来，在北京城市副中心建设、北京"城市向东，文化向东"战略机遇下，在京津冀协同发展的历史机遇面前，大厂产业新城以其无可复制的独特区位优势、便捷立体化的交通，将成为河北全方位深入对接北京的重要"桥头堡"，更将成为京津冀协同发展的先行区。

无独有偶，嘉善产业新城也是近几年崛起的新星。嘉善产业新城位于浙

---

① 于靖园：《固安：产业新城的县域样本》，《小康》2017年3月1日。

江省嘉兴县，地处长三角"沪杭苏甬"黄金十字轴线中枢位置，毗邻嘉善高铁南站，23分钟可直达上海虹桥机场。该项目于2013年启动建设，已经成为华夏幸福产业新城项目的江南"新标杆"。在产业培育方面，嘉善产业新城以现代化高品质商务研发楼宇为载体，聚焦发展智力密集型楼宇产业集群，重点打造科技研发、商贸服务、影视传媒、软件信息等战略新兴产业集群。同时聚焦全球创新资源，依托太库、火炬孵化等创新载体，加速企业孵化，助推区域产业升级。截至目前，嘉善产业新城共招引企业165家；创新产业集群4个、产业载体面积已建成7.6万平方米，在建14万平方米。华夏幸福年报显示，2017年嘉善产业新城新增签约投资额突破百亿元，达到135.98亿元。在城市建设方面，嘉善产业新城以水为纽带，有机串联城市的产业、居住、旅游与商业，通过不断完善城市的公共服务和生活配套功能，打造宜居社区，有效导入人口，形成城市可持续发展的动力。

除嘉善产业新城外，华夏幸福在浙江省的另外三座产业新城也都有着清晰的定位：湖州南浔产业新城将快速提升产业承载力，推进新能源汽车、生物医药等产业集群的打造；湖州德清产业新城将加快新旧动能转换示范区的打造，加快产业集群的谋划和落地，为县域高质量发展不断注入新动能；嘉兴南湖产业新城则将大力发展智能终端、医疗器械、专用装备等战略性新兴产业集群。[①]"外埠"区域销售额大幅提升，标志着华夏幸福已进入全国化布局发展新阶段，也意味着我国的产业新城发展拥有了异地复制的新样本。而异地复制的背后，是一套完整的产业发展体系，说明我国本土的产业新城运营商在产业规划、全球资源整合、选址服务、行业圈层、资本驱动、专业载体建设、一揽子政策、全流程服务八个方面已经具备了核心竞争力。

（二）政策效应叠加

进入21世纪，党和政府给予了城镇化发展更多关注，而产业与城镇融合发展成为城镇化建设的重要途径。2001年3月，全国人大九届四次会议

---

① 刘源隆：《嘉善产业新城演绎"谋定速动"》，《小康》2018年6月21日。

通过了《中华人民共和国国民经济和社会发展第十个五年计划纲要》（以下简称《计划》），《计划》指出："发展小城镇是推进我国城镇化的重要途径。小城镇建设要把发展重点放到县城和部分基础条件好、发展潜力大的建制镇，使之尽快完善功能，集聚人口，发挥农村地域性经济、文化中心的作用，强调发展农业产业化经营和社会化服务等与小城镇建设相结合"[1]。

2005年1月，《北京城市总体规划（2004~2020年）》发布，确定了"两轴-两带-多中心"城市空间结构，提出了新城发展战略。新城发展的主要目标是引导人口合理分布，成为疏解中心城区人口、产业与功能的主要载体；打造首都经济发展新的增长极，成为集聚新的功能和新兴产业的重要区域；辐射和引领本地城镇化和促进区域合作，成为首都实现城乡统筹、带动区域发展的规模化城市地区；落实以人为本和节约、环保、创新理念，成为首都建设宜居城市的示范区[2]。

2011年3月发布的《中华人民共和国国民经济和社会发展第十二个五年规划纲要》（以下简称《规划》）指出："按照统筹规划、合理布局、完善功能、以大带小的原则，遵循城市发展客观规律，以大城市为依托，以中小城市为重点，逐步形成辐射作用大的城市群，促进大中小城市和小城镇协调发展。"《规划》强调，"要科学规划城市群内各城市功能定位和产业布局，缓解特大城市中心城区压力，强化中小城市产业功能，增强小城镇公共服务和居住功能，推进大中小城市基础设施一体化建设和网络化发展"[3]。

2013年11月12日，中国共产党第十八届中央委员会第三次全体会议通过的《中共中央关于全面深化改革若干重大问题的决定》（以下简称《决定》）指出，"要坚持走中国特色新型城镇化道路，推进以人为核心的城镇化，推动大中小城市和小城镇协调发展、产业和城镇融合发展，促进城镇化

---

[1] 中华人民共和国全国人民代表大会和中国人民政治协商会议：《中华人民共和国国民经济和社会发展第十个五年计划纲要》，2001年3月。
[2] 北京市委、市政府：《北京城市总体规划（2004~2020年）》，2005年1月。
[3] 中华人民共和国全国人民代表大会和中国人民政治协商会议：《国民经济和社会发展第十二个五年规划纲要》，2011年3月。

和新农村建设协调推进。优化城市空间结构和管理格局,增强城市综合承载能力"[1]。《决定》首次提出了"产业和城镇融合发展"的理念,2013年也被称为新型城镇化元年。在接下来的几年中,党和政府出台了一系列支持产城融合的新政策,促进中国城镇化健康发展。

2014年3月,中共中央、国务院印发的《国家新型城镇化规划(2014~2020年)》指出,我国存在产城融合不紧密,产业集聚与人口集聚不同步,城镇化滞后于工业化等问题,并提出要推动信息化和工业化深度融合、工业化和城镇化良性互动、城镇化和农业现代化相互协调,促进城镇发展与产业支撑、就业转移和人口集聚相统一,促进城乡要素平等交换和公共资源均衡配置,形成以工促农、以城带乡、工农互惠、城乡一体的新型工农、城乡关系[2]。

2015年7月,"为进一步完善城镇化健康发展体制机制,推动产业和城镇融合发展,加快培育一批新的经济增长点或增长极,形成功能各异、相互协调补充的区域发展格局",国家发改委发布了《关于开展产城融合示范区建设有关工作的通知》(以下简称《通知》)[3],首次提出"产城融合示范区"概念,即依托现有产业园区,在促进产业集聚、加快产业发展的同时,顺应发展规律,因势利导,按照产城融合发展的理念,加快产业园区从单一的生产型园区经济向综合型城市经济转型,为新型城镇化探索路径,发挥先行先试和示范带动作用,经过努力,该区域能够发展成为产业发展基础较好、城市服务功能完善、边界相对明晰的城市综合功能区。同时,《通知》针对科学推进产城融合示范区建设做出了明确部署,拟在全国范围内选择60个左右条件成熟的地区开展产城融合示范区建设工作,为新型工业化和城镇化融合发展探索可复制、可推广的经验做法。

2016年,《中华人民共和国国民经济和社会发展第十三个五年规划纲

---

[1] 中共中央:《中共中央关于全面深化改革若干重大问题的决定》,2013年11月。
[2] 中共中央、国务院:《国家新型城镇化规划(2014~2020年)》,2014年3月。
[3] 中华人民共和国国家发展和改革委员会:《关于开展产城融合示范区建设有关工作的通知》,2015年7月。

要》明确表示,"常住人口城镇化率和户籍人口城镇化率分别要在2015年56.1%和39.9%的基础上提升至2020年的60%和45%,要因地制宜发展特色鲜明、产城融合、充满魅力的小城镇"[①]。2016年10月,为深入贯彻落实党中央、国务院部署,推进新型城镇化持续健康发展,进一步加强对各地产城融合示范区建设工作的指导,国家发改委印发了《关于支持各地开展产城融合示范区建设的通知》。根据一年来各地开展示范区建设的实际情况,提出了58个产城融合示范区建设的主要任务,要求各地在示范区建设中明确发展目标、控制开发强度、创新体制机制、落实工作责任。作为推动城镇化进程的发动机,产业新城的发展又迎来新一波政策利好。

值得一提的是,国家为了鼓励和支持其快速发展,多个部委也已经联合银行等金融机构为产业新城和特色小镇等提供资金方面的保驾护航。2016年年底,国家发改委、证监会明确表示,推动已建成并正常运营2年以上、具有持续经营能力的传统基础设施领域PPP项目进行证券化融资。2017年1月,国家发改委和国家开发银行表示,国家开发银行各分行积极参与特色小(城)镇规划编制工作,做好系统性融资规划和融资顾问工作,明确支持重点、融资方案和融资渠道,推动规划落地实施。此后,住建部与国开行、中国农业银行等也相继出台支持政策。

(三)经济效应初显

事实上,产城融合概念的提出和实践由来已久。如果以1979年国家批准建立第一个对外开放的工业园区——蛇口工业园来算作产业新城开端的话,那么产业新城迄今已走过近40年的探索历程。据《2016中国新城新区发展报告》显示,截至2016年7月,我国县及县以上的新城新区数量超过3500多个,其中国家级各类新区382个,还有150多个各类综保区、边境经济合作区等,各类省级产业园区1600多个,较大规模的市产业园1000

---

① 《建国以来中央文件关于城市工作和城镇化的有关表述摘编》,http://www.docin.com,2017。

第二章 产业新城的概念演进与实践发展

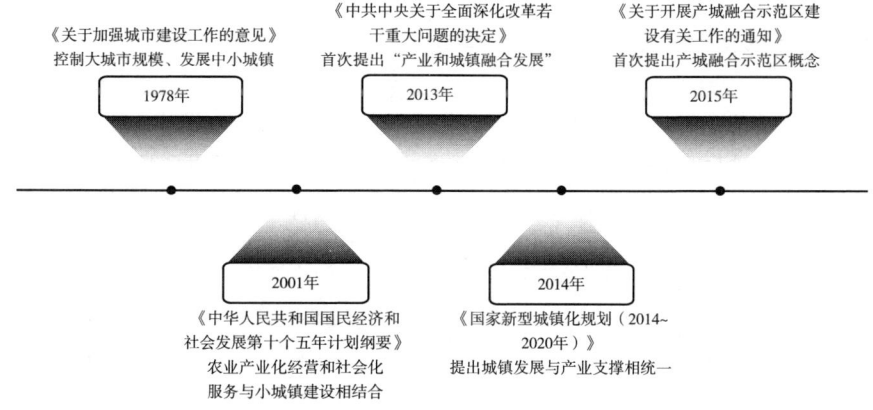

图 2-1 中国产城融合政策重要节点

个，县以下各类产业园上万计[①]。

在新型城镇化背景下，产业新城已然成为社会热点话题，国家也相继出台了一系列相关政策来支持其发展。虽然迄今为止，业界关于产业新城的定义尚未统一，但对其产城融合的特性却是一致肯定的，越来越多的企业紧跟国家发展战略布局，加入到产业新城的开发建设及运营中。得益于政府、企业等主体的多方参与和不断摸索，我国产业新城发展已初具规模，经济效应正在逐步显现，逐渐实现由量到质的转变，成为新的经济增长极。

但与此同时，我们也需要警惕，有城无产、有产无城以及个别地区房地产化现象较为突出。各地在追求高投入、快产出的政绩和经济逻辑之下，有待及时总结经验和教训，巩固、修正和寻找新的方法论。

表 2-1 21世纪以来国内主要产业新城实践

分类	运营商	代表项目	奠基时间
传统房地产转型企业	万科	杭州良渚产业小镇	2000 年
	北京电子城	朔州数码港	2015 年
	碧桂园	思科广州智慧城	2017 年

---

① 国家发改委城市和小城镇改革发展中心：《2016 中国新城新区发展报告》，2016 年 8 月。

续表

分类	运营商	代表项目	奠基时间
产业地产商	招商蛇口	蛇口工业园区	1979 年
	天津泰达	天津泰达开发区	1984 年
	天安数码城	龙岗天安数码城	1990 年
	张江高科	上海张江高科技园区	1992 年
	中新集团	苏州工业园	1994 年
	上海临港	临港松江科技城	1995 年
	亿达中国	大连软件园	1998 年
	华夏幸福	固安产业新城	2002 年
	联东 U 谷	金桥产业园	2002 年
	宏泰发展	河北廊坊龙河高新技术产业开发区	2005 年
	华发城市运营	十字门中央商务区	2010 年
	华夏幸福	嘉善产业新城	2013 年
	星河产业集团	深圳星河 WORLD	2014 年
	启迪协信	上海正泰启迪智电港	2015 年
金融	华南城	重庆南部新城	2014 年

第三章
产业新城开发的宏观环境

产业新城作为一种新的城镇化（新城）建设模式，能够在疏解城市功能、调整产业结构、发展多中心都市布局、促进区域协同发展等多方面起到重要作用，在西方各国已经得到实践上的检验，适合处于转型期的国家。目前我国已进入新型城镇化建设阶段，政策不断强调"协调发展""产城融合"，同时，经济新常态对产业结构调整与升级提出新要求，科技文化水平的进一步发展既为当前多个行业提供了机遇，也提出了新的发展方向。在社会、政治、经济与科技文化等大背景下，产业新城能够回应国家与社会新的建设要求，拥有长足而广阔的发展空间。

一 社会背景

改革开放以来，我国开始了以工业化为推动力的城市化进程，通过产业发展升级、产业结构调整及其引起的农业人口向城镇人口的转化，来推动城市发展与形态演变。当下我国进入新型城镇化阶段，对产业新城发展方向提出新要求，既需迎合新型城镇化建设，又要满足产业发展趋势。

新中国成立之初，我国城镇化进入起步阶段，1952年《1953~1957年计划轮廓（草案）》等文件中明确提出"以重工业为主，轻工业为辅"的工业发展战略，资源型城市得到优先发展，城镇人口由新中国成立之初的不足6000万人增加至1957年的9949万人，城镇化率由10.64%提高到15.39%。1958~1965年，"大跃进"式发展带来了城镇化盲目推进，三年自然灾害使得经济整体陷入衰退，城市人口由1958年的10271万人上升至1960年的

13073万人，之后到1963年下降至11646万人，城镇化率由1958年的16.25%上升到1960年的19.75%，到1965年下降为17.98%；"文革"时期我国城市化进程基本停滞，1966~1978年的13年间，城市数量仅增加了18个；1978年改革开放后，我国城镇化重新走上正轨，进入稳步推进时期，农村家庭联产承包责任制解放了大量农村劳动力，大量农民进入乡镇企业务工，开创了"离土不离乡"的农村劳动力转移模式，推动了城镇化的发展，呈现出"先进城后建城"的格局，城镇人口由25094万人上升至31203万人。1996年中国城镇化率超过30%的关口，达到30.25%，开始进入快速发展阶段，至2016年，我国城镇人口达到79300万人，城镇化率升至57.35%，20年提高近27个百分点，如图3-1所示。

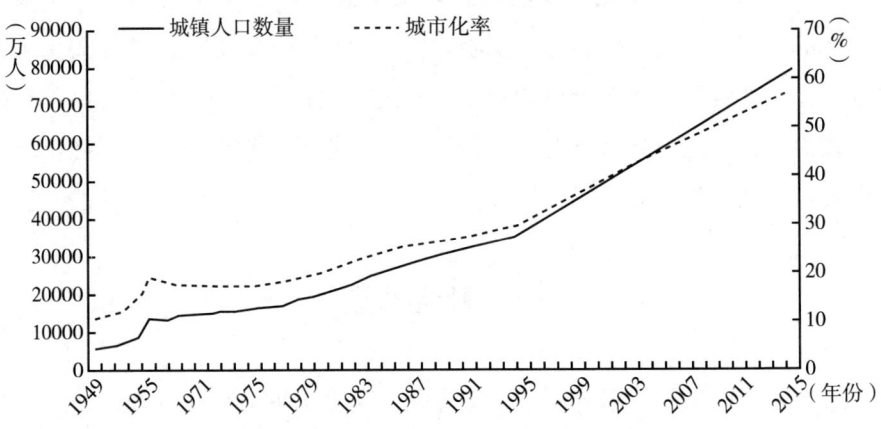

图3-1 我国城镇化人口数量与城市化率（1949~2015年）

资料来源：国家统计局。

从国际经验来看，城镇化率30%~70%为城镇化建设的加速阶段，我国未来城市人口增长尚具有较大空间。然而，在城镇化建设的进程中，大多数地区一味求量，忽视了对质的要求，"摊大饼"式的城镇化建设带来了产业结构落后、城市交通拥堵、就业压力剧增等一系列问题，"城市病"开始出现并愈演愈烈，包括城市人口的剧增与交通的拥堵、水资源与能源的短缺、大气污染、房价不断上涨与大量住房闲置等多方面问题。我们必须意识到，我国城镇化已经进入新阶段，有许多新问题等待解决。

随着城镇化的发展，我国产业结构与发展重点也多有变动。根据库兹涅茨法则，随着时代的变迁，第一产业实现的国民收入在整个国民收入中的占比是不断下降的，同时农业劳动力在劳动力总数中的占比也是不断下降的；第二产业国民收入在整个国民收入中的占比是上升的，但工业劳动力的占比是大体不变的；而第三产业的劳动力占比呈现上升趋势，国民收入的占比大体不变。城市经济发展过程大致可以划分为从农业经济到二元经济、再从二元经济到现代经济增长的过程，其中二元经济包括劳动力生产与资本生产。工业革命通过在工业城市周边地区培育一批新兴城市，影响农村经济生产方式、管理方式等多个领域，加速城市化发展，城镇化是农业经济向工业经济转换的转折点，而第三产业在产业结构中的占比是社会分工发达程度的标志，由工业发展到服务产业发展标志着城市功能的全部拓展。结合来看，产业结构演进趋势应当与区域经济空间结构由农村地区向城镇地区转移的结果一致[1]，如表3-1所示。

表3-1 我国城镇化建设不同发展阶段

发展阶段	城镇化速度	主要特点	城镇功能	主导产业
农业经济	缓慢	小型、分散	产品功能	服务农业的工业品生产和农产品交换
工业经济	加速	大中小结合，集聚	产品功能	工业品交换和生产要素集聚
服务经济	加速	大中小结合，集聚	信息功能	生产要素集聚和服务产品
知识经济	减速	优质、分散	居住	知识创新

我国目前正处于由工业经济向服务经济转型的时期，不可再依赖以往的传统工业，要向生产要素集聚和服务产品的重点产业转向，同时要开始注重城镇的产品与信息功能。然而在过去，我国产业集聚与经济发展主要依靠20世纪的产物——开发区，通过优惠的投资政策吸引产业落地，以开发区为中心逐渐形成单独经济增长极，在经历了1978~1991年各开发区百花齐

---

[1] 王斌：《中国新型城镇化建设中的产业新城发展研究》，山东建筑大学硕士论文，2014年。

放、百家争鸣，1992~1996年邓小平二次南方谈话推动经济技术开发区进入大发展的黄金岁月，自20世纪末期，开发区开始面临各种问题，包括优惠政策过期、土地资源紧张、劳动力短缺、产业升级压力大等，其"孤岛"式的发展也开始暴露种种弊端，环境污染、基础设施配套滞后、产业发展后劲不足等问题愈演愈烈，开发区急需转型为一种新的区域发展平台来实现产业集群效应。对于开发区的转型，总体来看有两个方向，一种是对开发区现有区块进行功能再开发，促进工业区转化为城市区；另一种则是提高产业用地的效率，加大开发强度，增加投资促进产出，提高开发区内工业用地的效益。而综合来看，建设综合新城既能够提升园区独立性与功能性，又可扩大空间规模，在实际中被越来越多采用。

城镇化建设进入新阶段，对传统产业提出新要求，只有积极推动工业化、信息化、城镇化与农业现代化的互动协调发展，才能够实现高质量的城市建设与高拉力的经济提升。而产业新城以产业为主导，建立相对独立的新城镇，通过产业和城市融合发展，产城互动，从而实现工业化和城市化的相互推进。产业新城将城镇化和工业化有效地融合在一起，城镇化与工业化互动并进，工业化是城镇化的根本动力，城镇化又带动工业化的发展，为工业化提供发展载体，共同推动城市建设与经济发展。

二　政策背景

政府对新城建设的影响可通过行政手段给予园区税负减免、低税率和贷款担保，或者由公共研究机构和服务中心提供定制化的商务服务，也可以通过组织自助协会和合作生产商促进创新。新中国成立以来，我国不断调整城镇化建设相关政策，近年来多次强调"协调发展"，为产业新城的建设提供总体指导。同时，出台了与"产城融合"相关的多部文件，有力支持了产业新城建设的推广与发展。

国家"十三五"规划纲要明确提出，常住人口城镇化率和户籍人口城镇化率分别要在2015年56.1%、39.9%的基础上提升至2020年的60%和

45%；要因地制宜发展特色鲜明、产城融合、充满魅力的小城镇；《国家人口发展规划（2016~2030年）》提出，要加快推进以人为核心的城镇化，引导人口流动的合理预期，畅通落户渠道，全面提高城镇化质量；将具备条件的县和特大镇有序设置为市，增加中小城市数量，优化大中城市市辖区规模和结构，拓展农业转移人口就近城镇化空间；十九大报告明确提出"推动新型工业化、信息化、城镇化、农业现代化同步发展，主动参与和推动经济全球化进程，发展更高层次的开放型经济，不断壮大我国经济实力和综合国力"；同时提出"以城市群为主体构建大中小城市和小城镇协调发展的城镇格局，加快农业转移人口市民化；以疏解北京非首都功能为'牛鼻子'推动京津冀协同发展，高起点规划、高标准建设雄安新区；以共抓大保护、不搞大开发为导向推动长江经济带发展；支持资源型地区经济转型发展"。科学规划城市群规模和布局，以城市群为主体，推动大中小城市和小城镇协同发展，这些新的政策理念标志着我国城市发展战略实现了从"严格控制"单一城市规模到强调城市间"协调发展"的根本性转变，同时突出强调走特色新型城镇化道路，合理响应人口的就业需求、公共服务诉求和城市可持续发展的要求。产业新城是"产城融合"目标下的有效模式，符合国家总体规划的新要求。

表3-2 我国城镇化主要政策梳理一

年份	主要发展政策与方针	政策来源
1955	新建城市以中心城市为主，无特殊原因，不搞大城市	国家建委报告
1978	控制大城市规模，多搞小城市	城市工作会议
1980	控制大城市规模，合理发展中等城市，积极发展小城市	国家五年规划
1990	严格控制大城市规模，合理发展中等城市和小城市、小城镇	国家五年规划
2000	大中小城市和小城镇协调发展	国家五年规划
2002	坚持大中小城市和小城镇协调发展	十六大
2007	促进大中小城市和小城镇协调发展，以特大城市为依托，形成辐射作用大的城市群，培育新的经济增长极	十七大
2012	科学规划城市群规模和布局，增强中小城市和小城镇产业发展、公共服务、吸纳就业、人口集聚功能	十八大
2013	"以人为核心"，推进农业转移人口市民化	中央城镇化会议

续表

年份	主要发展政策与方针	政策来源
2014	以城市群为主体形态,推动大中小城市和小城镇协调发展;优化城镇规模结构,严格控制城区人口500万以上的特大城市人口规模,加快发展中小城市,有重点地发展小城镇	《国家新型城镇化规划(2014～2020年)》
2015	在"建设"和"管理"两端着力,转变城市发展方式,解决城市病等突出问题	中央城市工作会议
2017	以城市群为主体构建大中小城市和小城镇协调发展的城镇格局,以疏解北京非首都功能为"牛鼻子"推动京津冀协同发展,高起点规划、高标准建设雄安新区	

数据来源:中国指数研究院、政府网站。

根据《国家新型城镇化规划(2014～2020年)》有关要求,进一步完善城镇化健康发展体制机制,推动产业和城镇融合发展,加快培育一批新的经济增长点或增长极,形成功能各异、相互协调补充的区域发展格局,国家发展和改革委员会发布《关于开展产城融合示范区建设有关工作的通知》,针对科学推进产城融合示范区建设做出了明确部署,提出为新型工业化和城镇化融合发展探索可复制、可推广的经验做法,有力支持了产业新城的进一步发展;在《国家新型城镇化规划(2014～2020年)》与该示范区建设的精神指导下,各省市也结合自身情况分别从财政、税收、服务等方面在产业新城方面给予支持,不少研究机构也开始为产业新城建设提供服务,在政策助推下产业新城发展前景良好,参见表3-3。

表3-3 我国城镇化主要政策梳理二

颁布单位	主要发展政策与方针	政策来源
国务院	培育战略性新兴产业特色集群,充分发挥现有产业集聚区作用,采用市场化方式促进产业集聚,完善扶持政策,加大扶持力度,由产城分离向产城融合转变,推动研究机构、创新人才与企业相对集中,促进不同创新主体良性互动	《"十三五"国家战略性新兴产业发展规划》
国家发改委	优化空间发展布局,推进产城融合发展;促进产业集聚发展,构建现代产业体系;加强基础设施建设,提升公共服务水平;注重生态环境保护建设,促进绿色低碳循环发展;完善城镇化体制机制,推进城乡发展一体化	《关于开展产城融合示范区建设有关工作的通知》

续表

颁布单位	主要发展政策与方针	政策来源
四川省	践行创新、协调、绿色、开放、共享的新发展理念,统筹城市空间、规模、产业结构,统筹规划、建设、管理环节,统筹改革、科技、文化动力,统筹生产、生活、生态布局,着力优化发展环境,不断深化改革创新和开放合作,走以产兴城、以城带产、产城融合、城乡一体的发展道路,培育区域经济新的增长点	《绵阳市产城融合示范区总体方案》《南充市产城融合示范区总体方案》
山东省	着力优化城市产业结构,统筹规划、协调发展战略性新兴产业、先进制造业和现代服务业,壮大城市产业规模,培育结构优化、技术先进、清洁安全、就业容量大的现代城市产业体系;园区建设要协调好产业、居住和服务设施等配套完善,实现人口和产业在园区有机融合	《山东省新型城镇化规划(2014~2020年)》
辽宁省	充分发挥经济开发区在推进新型工业化和新型城镇化中的引导和连结作用,按照产城融合发展的理念,逐步强化和完善社会服务功能,促进经济开发区与区域经济社会的互动发展和协调发展,加快从单一的生产型园区经济向综合型城市经济转型	《辽宁省经济开发区发展规划(2017~2020年)》
云南省	到2020年,力争全省主导产业集中度年均提高2~3个百分点,每个县、市、区形成1~2个主导产业或特色产业集群,全省形成30个特色鲜明、辐射力大、竞争力强的产业集聚区;全省产业园区布局科学合理,基础设施网络更加完善,主导产业优势突出,创新能力明显增强,生态环境进一步优化,城镇综合服务功能不断提高,基本形成具有云南特色的产城融合发展体系。	《关于进一步推进我省产城融合发展的实施意见》
广东省	同一企业多地块可"打包"改造,鼓励产业转型升级;推进城中村全面改造,允许自然村作为改造主体申请全面改造;优化旧工业用地盘活政策,企业与政府五五分成;强化事权下放,减少审批环节	《关于提升城市更新水平促进节约集约用地的实施意见》

数据来源:中国指数研究院、政府网站。

三 经济背景

"十三五"开局以来,我国经济发展进入新常态的转型阶段,经济增长速度逐步放缓,经济发展方式面临转变,经济增长动力开始发生变化。我国正站在新的历史起点上向经济强国奋进,如何对世界经济新局势和自身发展形势进行准确把脉,并找到未来持续发展的突破口,是一项复杂、系统的重大战略任务。中国自2010年跃居全球第二大经济体后,工业化进程迈入后期，出现不同于过去40年的特征，经济增速持续下滑，从高速增长阶段步入中高速增长阶段，但就业相对良好。当前我国经济进入增速趋于潜在水平、CPI指数和通货膨胀率在合理区间、物价涨幅趋于适度、新增就业趋于稳定、经济结构趋于优化的新常态。就中国现实经济而言，新常态呈现如下显著特征：一是经济增长速度从高速转为中高速，潜在增长率回落至7%左右的浮动区间；二是宏观经济政策调整由强刺激、硬措施过渡到温和、稳健的政策；三是经济增长的动力从依赖投资和出口拉动转向消费拉动，从物质生产力驱动转向创新驱动；四是国有资本布局重调，进一步释放民营资本活力，混合所有制经济成为基本经济制度的重要实现形式；五是新型工业化、农业现代化、信息化、城镇化并举，后发优势明显；六是产业转型升级速度加快，产业结构亟须优化，产业协同创新能力亟待增强，产业发展的宏观基础（创新计划实施）和微观基础（企业创新机制）并举。

产业转型是经济转型的基础，是体制转型的先导，经济新常态和工业化后期的新阶段为中国产业发展带来挑战。改革开放以来，中国工业化进程主要依靠人口众多的大国工业化、长期快速推进的工业化、低成本出口导向的工业化、区域发展极不平衡的工业化，以追求在短期的经济高速发展。然而在当前宏观环境下，继续保持长期高速推进、低成本出口导向的工业化进程，已经无法实现。国际金融危机后，产能过剩问题由钢铁、水泥、煤化工等传统产业扩大至造船、汽车、机械，甚至波及光伏、多晶硅等新兴战略性产业。试图等待经济形势复苏后依靠快速经济增长来化解这一难题已几无可能，粗放的经济发展方式与低成本的工业化战略必须转变。在产业结构上，内需不足与消费不振导致需求结构失衡；农业基础薄弱、工业大而不强、服务业发展尤其是现代生产性服务业发展滞后，"一产不稳、二产不强、三产不大"问题严重；城镇化发展滞后、中西部地区发展滞后、城乡和区域之间生活条件和基本公共服务差距较大破坏区域协调发展。优化产业结构、促进产业结构转型升级成为中国经济结构调整的突破口。

中国经济保持40年的高速增长，得益于相对稳定宽松的国内和国际经济环境。但是随着全球经济权力的转移，发达国家的消费趋于正常化，新兴市场国家高速增长回归到常态，均衡、可持续和包容性增长的理念成为全球共识，全球经济增长格局普遍步入"新常态"。中国未来的国际环境不再那么宽松，外向型经济结构难以为继，低成本制造培育的低端全球优势势必终结，新一轮的结构调整和路径探索迫在眉睫。经济增长是多重因素组合起来共同作用于生产过程的结果，而支撑经济增长最关键的因素是生产要素和产业发展，要适应"新常态"就必须调整产业发展方向，抓住未来发展的重要战略机遇，解决"旧"问题，培育"新"优势，具体来看可分为两个方向：

首先，在产业发展驱动力上，我国长期以来依靠物质要素投入推动的经济增长方式，不可避免地受到资源和环境不可持续供给的制约。为加快产业结构升级和转型，改革开放至20世纪90年代初期，国家先后出台产业升级政策加强高新技术对传统产业的渗透，鼓励对引进技术的消化、吸收和再创新，但实际效果并不明显，执行过程中存在过度追求短期经济效益和数量型规模扩张而忽略科技创新等问题。此后十余年间，为扭转某些传统行业的产能过剩、耗能过度和大规模低水平重复建设的问题，产业升级政策转向优化产业结构、大力发展支柱产业和高新技术产业，国家相继出台鼓励创新的产业技术政策、税收财政优惠政策，但是这一时期，引进和模仿创新仍然是产业技术的主要来源，鼓励产业自主创新和原始创新的政策较少。在经济新常态下，低劳动力成本、低土地成本、低环境成本的时代已经过去，科技创新及科技产业化以规模性扩张、技术领先、高附加值以及产品性能质量升级等，改变着产业空间布局及其结构形态，决定着产业转型升级和产业结构调整的特征和方向。传统的物质生产力要素在工业化前中期是投入核心，而工业化后期则转向创新驱动，创新驱动代替以资源和资本为核心的要素驱动已成为历史必然和现实选择。创新驱动是利用技术、知识、信息、管理制度和运营模式等创新要素对原有的资本和资源等物质要素进行重新组合，以新的知识、技术提高物质资本的效益，提升劳动者素质和企业管理水平。创新是一个国家迈入工业化后期和现代化社会的一个重要标志，纵观各国产业发展历程，无一例外都是靠科技创新和技术扩散支撑。迈克尔·波特（2002）

指出，产业发展只有从自然禀赋推动和资本推动阶段跃升到创新推动阶段，才能使价值链从低层次的连续跃升为高层次的连续。十八大明确提出实施创新驱动战略，《"十三五"国家战略性新兴产业发展规划》指出要"培育战略性新兴产业特色集群，由产城分离向产城融合转变，推动研究机构、创新人才与企业相对集中，促进不同创新主体良性互动"。产业新城综合考虑新兴产业与创新孵育，将城市建设、产业生产、人口集聚有效组合，促使各部分之间建立起相互依存、互利互惠的动态关系，以创新推动产业发展，以产业带动城市建设，以城市吸引人才落地，以人才保持创新，从而形成以创新为发动机的良性循环，有利于产业发展驱动力的转换。

其次，在产业集聚效应上，从各国产业演化规律看，产业发展的一个重要特征是产业在某一特定区域范围内发展壮大。产业集群是产业地域化的高级阶段，是以产业价值链（包括产品链、信息链、知识链、创新链）为核心的全方位延伸，集群主体包括企业、知识性机构、中介机构和顾客，在产业关联、资源互补、协同创新、知识整合和渠道创造等方面的特征较为突出，能够发挥集聚效应、整合效应和创新效应（波特，1998）。然而我国目前尚处于产业发展的集聚阶段，集群规模小、档次低、结构趋同、特色缺乏，很多产业"聚而不群"，这既不利于产业集聚效应与整合效应的发挥，也影响创新效应的发挥。熊彼特指出，创新不是孤立事件，它的出现具有规律性，在时间上并非呈均匀分布，而是趋于集群或者成簇分布。"集群创新"通过对特定区域内相对集中的同类或相关产业进行优化组合，使其创新效应得到充分发挥，从而产生更强的产业竞争优势；其实质也是企业、科研院所及相关研发基地技术创新能力的集成，是推动企业技术进步的重要网络支撑。集群创新离不开企业创新，但是集群创新不等于企业创新，它不再是单个企业内部相对独立和封闭的资源开发和利用，而是整个产业内相对开放松散环境下的创新竞合行为。传统观念认为，政府政策目标应定位于单个优秀企业，而不是产业，从而有利于促进地方经济多样化。虽然这种政策条件能够增加GDP和就业，但是从长期来看，政府所扶持或鼓励引进的企业因缺乏相关价值链的配套和支撑，发展后劲不足，地域根植性不强，容易因地区优势的动态变化而迁移，政策吸引力的有效性和真实性经不起长期考验。通过产业技术、体制、管理、信息、服务等方面的产业集群的综合创新，对行业共性、关键与前瞻性技术实现突破式创新，使我国产业技术进步真正建立在自主创新基础之上，才能满足我国产业发展的现实需要。产业新城强调区域发展，具有目标多元、要素集成、互动高效的特点，通过"以产兴城、以城带产、产城融合、城乡统筹"实现区域的科学发展，在政府与企业的共同合作下，搭建资源、资本、劳动力、技术等各种要素的集成体系并实现不同利益主体之间的高效互动、协调发展，不同于传统的单一功能或产业的开发园区，产业新城具有完备的产业及配套支撑、人口适度集聚和空间合理开发，有利于产业集聚效应、整合效应与创新效应的发挥，实现由"单个创新"到"集群创新"的转变。

四 科技环境

科技是国家强盛之基，是国家软实力的最好体现，只有拥有强大的科技水平，才能实现"两个一百年"奋斗目标和中华民族伟大复兴的中国梦。近年来，在党中央的引导与积极推进下，我国科技文化整体水平大幅提升，"双创"领域成果丰硕，为多种行业的重新盘活与整体转型带来机遇与可能。一直以来中国都是世界主要工业产品的生产国和出口国，历史上曾多年占据制造业大国的首位，虽在1850年左右被拉下位置，但于2010年重回第一。目前，中国有超过200多种工业产品的产量和出口量都居世界第一，其中有数十种产品的出口占到全世界出口总量的70%以上。其中制造业作为我国市场化最高的产业领域，对中国经济发展起到了十分重要的作用，是国民经济的基础和重要支柱，在国际市场上占据较大份额，但不可忽略的是，一直以来中国的制造业以代工和仿制为主的形态使得中国的创新能力、品牌质量水平处于世界相对较低水平，同时在产业链上缺少从上到下的自主化体系或完整的"一条龙"生产条件。工业和信息化部指出，我国目前基础材料、基础零部件、基础工艺和产业技术基础还不够完善，而土地、劳动力、资源、环境等要素成本的迅速提高也对我国产业发展模式提出挑战。为了应对全球新一轮技术革命与产业变革，2015年国务院印发了《中国制造2025》，以创新驱动、质量为先、绿色发展、结构优化、人才为本作为基本方针；以提高国家制造业创新能力、推进信息化与工业化深度融合、强化工业基础能力、加强质量品牌建设、全面推行绿色制造、推动重点领域突破发展、深入先进制造业结构调整、积极发展服务型制造和生产性服务业、提高制造业国际化发展水平作为任务和重点，并提供八大支撑和保障，重点发展多个技术产业，参见表3-4。

表3-4 《中国制造2025》主要内容

政策方面	主要内容
目标手段	一个目标：成为制造强国 两个抓手：信息化和工业化深度融合发展
三步战略	第一步，到2025年迈入制造强国行列； 第二步，到2035年我国制造业整体达到世界制造强国水平； 第三步，到新中国成立100年时，我国制造业大国地位更加巩固，综合实力进入世界制造强国前列。
原则方针	四项原则：市场主导、政府引导；立足当前，着眼长远；全面推进、重点突破；自主发展、合作共赢 五条方针：创新驱动、质量为先、绿色发展、结构优化、人才为本
重点发展	五大工程：制造业创新中心建设工程；旨在强化制造业基础的工业强基工程；智能制造工程；绿色制造工程；高端装备创新工程 十个重点领域：新一代信息技术、高档数控机床和机器人、航天航空装备、海洋工程装备及高技术船舶、先进轨道交通装备、节能与新能源汽车、电力装备、新材料、生物医药及高性能医疗器械、农业机械装备

数据来源：中国政府网。

《中国制造2025》强调创新驱动，力图发展我国制造业，提升产业整体科技水平，在全球竞争中获得优势，同时促使我国产业结构与经济转型升级。而产业新城为完整的产业生产链提供良好的交流与发展平台，有利于我国制造业通过集聚效应得到更为高速与高质的发展。

科技水平的提升离不开创新的驱动，2014年9月，国务院总理李克强公开发出"大众创业、万众创新"的号召，随后被写进 2015 年政府工作报告予以推动，国务院常务会议进一步支持要"鼓励地方设立创业基金，对众创空间办公用房、网络等给予优惠；对小微企业、孵化机构等给予税收支持；创新投贷联动、股权众筹等融资方式；取消妨碍人才自由流动、自由组合的户籍、学历等限制，为创业创新创造条件；大力发展营销、财务等第三方服务，加强知识产权保护，打造信息、技术等共享平台"[①]，"双创"活动就此展开，各地市纷纷推出创新创业优惠政策，力图推动创新技术应用与创新人才培养，为各个创业项目继续多方面支持与鼓励。产业新城通过设立人才孵化器、创业空间，利用产城融合的概念，在发展产业技术的同时，给予了个人与企业成长的机会与平台，符合我国"双创"氛围，也有利于通过创新驱动来发展新兴科技与文化，参见表 3-5。

表 3-5　创新创业相关政策

中央层面政策文件	部门层面政策文件	地方层面政策
国务院办公厅关于推广支持创新相关改革举措的通知	工业和信息化部办公厅关于做好小微企业创业创新基地城市示范有关工作的通知	北京市人民政府关于大力推进大众创业万众创新的实施意见
国务院关于强化实施创新驱动发展战略进一步推进大众创业万众创新深入发展的意见	工业和信息化部贯彻落实《深入实施国家知识产权战略行动计划（2014~2020 年）》实施方案	中共天津市委　天津市人民政府关于打造科技小巨人升级版的若干意见
国务院办公厅关于建设第二批大众创业万众创新示范基地的实施意见	工业和信息化部关于进一步促进产业集群发展的指导意见	河北省人民政府关于大力推进大众创业万众创新若干政策措施的实施意见
国务院办公厅关于支持返乡下乡人员创业创新促进农村一二三产业融合发展的意见	科技部关于印发《发展众创空间工作指引》的通知	山西省人民政府关于印发山西省大力推进大众创业万众创新实施方案的通知
国务院办公厅关于建设大众创业万众创新示范基地的实施意见	科技部关于进一步推动科技型中小企业创新发展的若干意见	辽宁省人民政府关于加快构建大众创业万众创新支撑平台的实施意见
实施《中华人民共和国促进科技成果转化法》若干规定	中国科协关于印发《中国科协关于实施创新驱动助力工程的意见》的通知	上海市人民政府关于进一步做好新形势下本市就业创业工作的意见

---

① 2015 年政府工作报告。

续表

中央层面政策文件	部门层面政策文件	地方层面政策
国务院关于同意开展服务贸易创新发展试点的批复	科技部 财政部关于印发《国家科技成果转化引导基金设立创业投资子基金管理暂行办法》的通知	河南省人民政府关于加快科技服务业发展的若干意见
国务院办公厅关于加快众创空间发展服务实体经济转型升级的指导意见	文化部办公厅关于印发2015年扶持成长型小微文化企业工作方案的通知	贵州省人民政府关于进一步做好新形势下就业创业工作的实施意见
国务院关于新形势下加快知识产权强国建设的若干意见	关于大力支持小微文化企业发展的实施意见	广东做好推动大众创新万众创业工作实施方案
国务院关于加快构建大众创业万众创新支撑平台的指导意见	人力资源社会保障部办公厅关于进一步推进创业培训工作的指导意见	海南省人民政府关于创新重点领域投融资机制鼓励社会投资的实施意见
国务院办公厅关于同意建立推进大众创业万众创新部际联席会议制度的函	人力资源社会保障部办公厅关于做好留学回国人员自主创业工作有关问题的通知	浙江省人民政府关于印发浙江省"互联网+"行动计划的通知
国务院关于积极推进"互联网+"行动的指导意见	人力资源社会保障部关于确定第二批全国创业孵化示范基地的通知	江苏省政府关于促进互联网金融健康发展的意见

最后，我国当前多个高新产业处于迅猛发展期，如通信方面4G到5G的提升，通过降低网络连接的延迟，能够促使"物联网"的进一步发展与更广范围的运用。高速低延迟的网络，意味着更快的反应和更大的信息量，从而推动自动驾驶、智能车间、智能制造等技术从想象走向现实。而人工智能的高速发展，使得高效且稳定的管理者与信息处理者成为可能，人脑负责决策，人工智能负责管理和辅助计算，这样的模式可以对原有的管理架构进行升级改造，也可以创造出新的产业管理模式。最新的智能设备与"工业4.0"的生产线，能够使得生活、生产、维护、安保的人工成本以及容错率大大降低，效率得到空前提升。即便是出现紧急情况时的应急处理，都可以由人类预编制，由人工智能负责日常运行物联网局域网自行做出快速反应，甚至是管理者远程手动操控。多个新型产业与技术为产业新城的发展带来更好的发展机遇和更广范围的选择，而在城市规划上这些新型产业与技术的运用，能够促使产业新城不再是基于城市而建立的新产业集群，成为一个新型的、便捷的、先进的城市模型的范本，智慧城市与智能园区的联动建设不再是幻想。

专题篇

第四章
认知：产业新城的内涵与外延

摘　要： 近年来，"新城"在我国各城市的建设过程中成为热议话题，北京、上海、广州等一些特大城市的总体规划布局中无一例外地都引入了新城，来推动该地区的城乡一体化进程。为了对产业新城有一个较为全面的理解，本文对国内外相关概念的出现背景及其发展历史进行了简要的回顾；对产业新城与产业城市综合体、产业综合体、特色小镇等几个重要概念之间的区别进行了梳理，突出阐释了产业新城的独特之处。

一　内涵变迁

产业新城作为新城运动的一种模式，在多个国家被推广运用。作为城市规划实践中的一种尝试——为应对大都市中人口和经济活动过分集中，平衡人口、就业、居住空间等问题，在原有城市以外规划新的空间单元即新城，通过设置住宅、产业、公共服务中心以重新安置人口。在第一代、第二代新城运动中，英国以缓解大城市人口压力为主要目的，建设了一系列新城以供居住。二战后，西方各工业国家普遍进入经济发展的"黄金时期"，人口数量与密度的急剧增长、市区产业聚集的不断增强，使得大城市占地迅速向外蔓延，形成单中心高度密集的城市形态，但中心城区人口密度过高的城市结构并不利于城市的有效管理与持续发展，城市交通压力急剧上升、住房供给紧张、房价和地价快速攀升、城市环境恶化等一系列问题产生。

"新城"作为城市规划领域的专业术语，是指在原有城市以外规划用来重新安置人口，设置住宅、产业、公共服务中心的空间单元，是一个相对独立的城市社区。从现有文献看，这一概念可以追溯到19世纪末英国社会学家霍华德提出的"田园城市"，其理论基础是建立一个既有方便、高效的就业与生活条件，又有农村卫生、优美的自然环境的城市，因此"新城"被称为"城乡磁体"，是新型理想城市的范本。

此后，英国于1946年颁布了《新城法》，从1946年到1950年开始建设14座卫星城，新城建设也因此在英国取得大规模进展。根据英国《不列颠百科全书》对新城的定义，新城是城市规划的一种形式，目的在于重新安排大城市人口，使大量居民迁移到大城市以外，在那里集中建设住宅、医院、工厂以及文化、娱乐、购物等中心，组成相对独立的新社区。新城建设之所以在当时的英国得到快速发展，是适应了城市发展的需要：一是探索大都市中人口和经济活动过分集中的某种出路；二是新城建设起到阻止郊区无计划发展的作用；三是新城作为一种"平衡社区"，在人口、就业等方面可以起到某种平衡作用，以适应大城市及其区域发展需要[①]。作为工业化和现代化发育最早的国家，英国的工业化所带动的城市化进程为其他各国提供了参考。

进入20世纪特别是第二次世界大战之后，伦敦、巴黎等西欧大城市出现了城市人口规模高速增长，城市建成区面积向四周迅速蔓延，集中了占全

---

① 白雪、杜宾宾：《新城建设与城市空间增长：内涵、识别及限制》。

国相当大比重的产业活动和就业人口，承担了全国经济中心、文化教育中心、科技中心等城市功能，与此同时，城市交通压力急剧上升、住房供给紧张、房价和地价快速攀升，给城市可持续发展带来诸多不利的影响，为此，除英国以外的西欧发达国家开始效仿英国，为了疏散城市功能而进行了大规模的卫星城建设。最初，他们建卫星城的主要目的是吸纳来自中心城区的人口，这种卫星城就是早期新城发展的主流方向。到了20世纪70年代，英国掀起新城建设和扩张的高潮，试图吸引来自城市中心的就业和产业，使新城既要作为大城市过剩人口的疏散点，又要成为区域的发展中心，第三代新城运动就此发起。

可见，英国的新城建设往往带有政府特定的战略意图，是都市圈（或大都市区）内部协调发展的重要内容，其发展模式的选取会因实际国情与执政理念的不同而发生变化。与英国新城建设发展历程不同的是，20世纪20年代，美国人口城市化水平刚超过50%，城市化速度便放缓，此后，大城市的人口和产业向郊区扩散，城市结构由单中心向多中心演化，郊区新城建设高潮开始出现，郊区新城与中心城市构成了大都市区。当时，许多新城属于典型的"卧城"，只发展少量的商业和生活服务业，主要满足新城当地居民的自身需求。不同历史情境下，城市需要解决的问题不同，新城建设的目的也自然有了时间与空间上的差异。

"新城"（New Town）一词虽已经在英美的城市规划实践中沿用了近百年时间，但并不完全等同于我们现在所说的"产业新城"。事实上，如果从字面意思去理解"产业新城"概念，西方国家很难找到相对应的专业术语。较早提到"产业新城"（Industrial New Town）的是韩国，20世纪70年代，韩国政府在位于距首尔都市区较远的庆尚北道建了昌原、龟尾等产业新城，重点发展电子、精密仪器、电机等新兴产业。这类新城基本是在政府主导下，以发展新兴产业和缩小地区差距为出发点，选择合适的区位集中开发，建设产业园区和居民区，壮大重点支持产业，在较短时间内吸纳大量就业人口，形成带动区域发展和实现国家战略意图的新增长极。

尽管各国对新城发展的认识存在显著的差异，但关于新城的特征和标准的认识却大致相近，只不过随着时代发展增添了一些新的元素和内涵。英国新城建设委员会是专门负责英国新城规划事务的组织，他们提出的新城概念和标准为世界其他国家所借鉴。1945年，英国新城建设委员会对新城概念及其基本特征才做了明确的界定，所谓的新城是指吸纳就业和满足生活、自立和平衡兼具的社区。当然，新城的标准不是绝对的，如依托资源形成的新城就不是这样。跟英国新城规划不同，法国在大巴黎区域内规划建设新城时就主张新城距离巴黎市中心为30公里，建在北部和南部的交通轴线上，不再建设独立的居住单元，而是完全按照一个真正的城市配套建设大型的公共服务设施，如大学、政府机关、娱乐设施等，并且保证就业机会和当地的就业人口数量保持平衡。他们在强调新城自立和平衡的同时，更强调新城与中心城之间的紧密联系，不像英国伦敦那样，通过人为规划来割裂两者之间的联系。两者的共同之处是，理解"新城"这个概念需要把握三个要点：一是它的产业支撑。这种产业是广义的，包括生产、服务、教育、技术等。二是它的相对独立性。新城并不是简单空间范围上的"郊区化"过程，其应该是一个新的城市功能体，有足够的自我控制条件的、"独立"的新板块。三是完善的城市功能。只有健全完备的基础设施才能使新城成为具有竞争力的新产业发展空间和人口迁移地。

近些年来，学界发现大范围建设新城可能存在削弱大城市尤其是中心区的国际竞争力，影响世界城市建设的风险。大城市，尤其是中心城市往往是一国经济发展的龙头，是国家参与国际分工与竞争的重要主体，纽约、伦敦、巴黎等城市在经历了新城建设有效疏解"大城市病"后，开始面临核心城市逐渐萎缩的问题，为确保在全球层面的吸引力与领导力，其城市规划开始转而强调核心区的紧凑发展。如2004年以来，伦敦先后出台四部规划，明确伦敦成为欧洲主导城市和世界城市的发展定位，并贯彻增长、公平及可持续发展三个基本原则。然而这是所处发展阶段不同导致的新城建设风险出现，我国"大城市病"尚未解决，而新城建设尤其是产业新城，对疏解城市功能、调整产业结构、发展多中心都市布局、促进区域协同发展的作用已被诸多国家实践证明，开展新城建设、发展产业新城无疑是转型期的合适选择。

在国外产业新城实践发展过程中,不同国家差异化的规划理念也使得新城建设衍生出了多种模式。其中,从"新城"到"产业新城"的概念变迁存在一条较为模糊的边界,相对来说,"新城"使用较为广泛,界定更为宽泛。首先,不是所有的新城都是产业新城,具有明确产业支撑的才适合称为"产业新城"。如在二战以后,美国大规模修筑高速公路并普及汽车,城市空间迅速蔓延,出现许多规模不一、配套相对完善、以居住功能为主的新城(或称"卧城"),这类新城就不是产业新城。其次,新城也并非都是在新地方建立起来的。伦敦、巴黎等城市在旧城改造和更新过程中,充分利用老城区原有土地空间和邻里关系,经规划改造之后建成现代新城,用来吸纳高端的服务业,以重振老城区的活力。最后,在新城规划建设过程中,地方政府和开发公司千方百计引入新的规划理念,以确保新城发展保持较强的生命力,如田园城市、增长区域、高质量增长等。

因此,要理解"产业新城"的真正内涵,首先必须理解"城镇化"和"新型城镇化"。19世纪60年代,西班牙城市规划师、建筑师塞尔达在《城市化概论》中首次提出"Urbanization"这一概念,译文传入中国,才有了"城镇化""城市化""都市化"等说法。传统的城镇化是指由以农业为主的传统乡村社会向以工业和服务业为主的现代城市社会逐渐转变的现象和过程,具体包括人口职业的转变、产业结构的转变、土地及地域空间的变化等。城镇化的本质是经济社会结构变革的过程。人口学对城镇化的定义是指人口的城镇化,地理学对城镇化的理解是,在工业化和现代化的过程中,引起农业人口向非农业人口、农村地域向城镇地域、农业社会向城市社会转化的过程。

在此基础上,新型城镇化相较于传统的城镇化模式出现了质的变化。不同于传统模式注重扩大城市规模、扩张城市空间的特点,新型城镇化注重提升城镇发展的质量内涵,促使城镇真正发展成为高品质的理想居住之地。同时,"全域城镇化"概念出现。韩增林和彭飞认为,全域城镇化是指在城市化的中后期,少数经济较为发达的城市,在自然演进、市场配置及政府推动的作用下，逐步实现所辖地域范围内城乡协调发展，优化产业与城镇布局，合理调整人口空间结构，实现区域一体化与整体竞争力的提高[1]。宫希魁认为，全域城镇化既有质的规定性，也有量的规定性。"质的规定性"就是，在市行政辖区内，经过一定时段的社会发展、市场扩张、自然演进和政府推动过程，逐步实现全地域按照一般通行的城市标准、制度框架、人文理念运行。而"量的规定性"就是，全域城镇化的过程是一个由量变到质变的演进过程。"全域城镇化"是在拓展城市发展空间和扩大城市规模的同时，统筹城乡经济和社会发展，用城市化和工业化的理念去引导和促进农村经济转型升级，转变经济发展方式，提升农村经济的竞争力，尽快消除城乡"二元结构"，实现城乡一体化[2]。

在新型城镇化的开发过程中，产业新城发展模式侧重"以产兴城、以城带产、产城融合、城乡一体"的系统化发展理念，对我国城镇化发展起到了重要的加速作用，同时为产业转型升级提供了重要载体。产业新城模式有别于传统开发模式的两大关键特征在于"产城融合"和"创新发展"。前者体现在为工业化和城镇化相结合，后者体现为政府和社会资本相结合，即典型的PPP模式。以固安产业新城为例，其核心在于将产业发展和城市发展相结合，通过发展地方特色产业带动城市发展，进而促进产业化发展。这种模式下，一般是先形成以工业发展为主导的特定地域，如工业园区、经济开发区等，这些特定区域在发展的过程中通过转型升级，形成以产业发展为主的集工作、生产、生活、休闲娱乐等于一体的新城。通过"以产兴城、以城带产"，进而实现"产城融合、城乡统筹、共同发展"。

随着产业新城如火如荼地开展，类似的案例不断涌现。与国外相比，我国的产业新城发展大多是利用产业（园）区承载产业发展功能并集聚大量就业人口，以此为基础拓展和提升城市功能，从而形成产业（园）区与城市融合发展的新兴城市。因此，有必要厘清产业新城与产业集聚区、城市综

---

[1] 韩增林、彭飞：《基于生态环境发展的大连全域城市化对策分析》，《决策咨询》。
[2] 宫希魁：《全域城市化的理解》，2009。

合体、特色小镇等几个重要概念之间的区别。根据市场主流看法和相关研究文献普遍观点，广义的产业新城包括开发区、产业园区、特色小镇等。因此，为避免概念混淆并明确研究范围，本次研究对象中的产业园、产业新城均为狭义概念。

二　概念辨析

与传统开发区、产业园及近期发展迅速的特色小镇相比，产业新城有其独特的特点。中国的产业新城发展与国外相比有所不同，许多项目是利用产业（园）区承载产业发展功能并集聚大量就业人口，以此为基础拓展和提升城市功能，从而形成产业（园）区与城市融合发展的新兴城市（New City）。因此，有必要厘清产业新城与产业集聚区、城市综合体、产业综合体、特色小镇等几个重要概念之间的区别。

（一）产业新城与专业产业区（或称"产业集聚区"）

首先，我们需要考察产业新城和产业区（或称"产业集聚区"）之间的差别。马歇尔（1911）认为，大量小企业从事专业化的生产并实现空间集中的就是产业区。虽然定义很简单，但从中可看出，产业区具有从事相同行业的小企业在空间出现集聚以及嵌入当地社会网络的地方产业系统的特征，企业可以从专业化生产中获得各种各样的好处，如专业化的劳动力、服务和中间投入品可节约生产成本，专业化生产也有利于提高企业生产效率。不过，这种定义的范畴相对较为狭窄，很难解释大企业主导或产业纵向分工的产业区。Oinas 和 Malecki（1999）认为，产业区是包括一个地方生产系统的相互作用和密集联系的网络，经常是相同或相互关联的产业。另外，Dei Ottati（1994）认为，马歇尔式的产业区不仅体现在企业之间的相互依赖关系上，还体现在经济和社会融入当地的"共同市场"上，商业系统、文化系统、社会系统和地方机构相互促进，其实，从这个角度看，产业发展与当地有机融合正是产业区动态发展的结果，正好体现了产城融合的理念。如今在区域经济学届比较主流的观点是，产业新城既不同于原来的开发区、工业园，又不同于最近十年以来大都市周边出现的"睡城"。产业新城最为显著的特征就是"产城融合"，是工业化和城镇化相结合的一种城市发展方式。

但是产业集聚区作为产业新城形成路径的基础载体，恰恰不具备的就是"产城融合"的特质。产业集聚区不同于产业新城，也不同于产业综合体，产业链十分单一，配套功能也极为简单，在一些早期的产业集聚区内甚至连宿舍配套都极为苛刻，更不要说"产城融合"的问题了，其运转往往需要借助所在区域中心城市的配套来实现。在我国产业新城的早期发展历史中，这类与城市分离的产业集聚区很多，比如像上海的松江新城，成立之初定位为"纯工业园"，产业类型以传统的制造业为主，工业区基本上以传统"厂房连厂房"的"摊大饼"方式发展。由于忽视配套只注重产业发展，使得在偌大园区内，"就近买瓶矿泉水"也能难倒不少企业的员工，工业区与新城区、市中心之间，每天上下班来去的"潮汐"现象非常严重。整个松江新城，呈现一种产业区与城市分离的城市景象[1]。近些年来随着经济发展、社会变革，这样的园区也已经开始意识到"产城融合"的重要性，开始积极推进产业升级和新城配套建设，注重可持续发展。近年来华夏幸福建设运营的产业新城是产城融合的优秀代表，比如华夏幸福一手打造的产城融合标杆项目——河北固安工业园区新型城镇化项目，被行业内赞誉为"固安模式"。从"产业维度"看，经过多年的深耕细作，固安不仅形成了航天技术研发、应用、服务一条龙的完整产业链，同时初步形成了新型显示、航天航空、生物医药等新兴产业集群，成为"京津冀一体化"腹地发展速度最快的创新产业高地；从"城市"维度看，华夏幸福贯彻"以人为本"的主线，从固安产业新城居民的需求出发，定制城市功能，加强城市与人的互动，增强人与城市的黏性，提升居民幸福感。从早期的固安工业园，到现在的固安产业新城，华夏幸福展示了产城融合的可能，并找到了"固安模式"这个

---

[1] 张锐：《国内城镇化的新城市主义应用研究》，河南工业大学硕士论文，2017年5月1日。

符合当下发展现状的产城融合推进模式。

对比上海松江新城和固安产业新城的例子，我们可以看到，判别产业新城和产业集聚区最重要的参考条件即产城融合是否实现。首先，在产城一体化的新城中，产业区与城市区发展之间应该是一种互动的，互为促进的机制，产业升级可以推动城市的发展，反过来城市发展可以进一步助推产业升级。而产业集聚区在城市功能的完善方面远远不及产业新城，即使与产业综合体相比，差距也十分明显。其次，从产业形态来说，产业集聚区则通常是园区或园区中的某一类产业聚集区域，其面积和功能相较产业新城来说，差距还是非常大的。而且大多数的产业集聚区并没有形成完整的生态产业链，园区的可持续发展条件较差。

（二）产业新城与城市综合体

此外，产业新城概念与城市综合体混淆不清。为了追求城市紧凑、可持续发展和产业效益，城市综合体成为优化和提升城市业态的重要载体，以万达商业广场为代表的城市综合体从我国的一线城市迅速向二线城市铺开。法国巴黎的拉德芳斯综合体被学者认为是现代城市综合体的"代表作"。拉德芳斯区建于1986年，位于巴黎西北部的城市主轴线西端，是老城区改造而成的现代新城区，也是历史城区保护与更新工程的典范。从城市发展进程看，城市综合体是城市形态发展到人口高度集聚和土地亟须集约利用阶段而出现的，从功能业态看，就是酒店、写字楼、公园、购物中心、会议中心、公寓等多种功能空间有效组合而成的综合性物业的统称。跟产业新城相比，它不是相对独立的城市空间，空间形态较小，是城市空间和功能的组成部分，对于解决城市人口高度集聚和土地紧张问题起到了部分缓解的作用。在城市规划实践中，城市综合体也经常被纳入产业新城规划之中，是产业新城的有机组成部分。

可以看到，城市综合体衍生于城市空间变革，自带城市功能属性，但是和产业新城比起来，城市综合体基本已经具备了现代城市的全部功能，所以也被称为"城中之城"。但是这样的城中之城并没有产业作为支撑，只是一种单纯为城市人口提供办公、商务、休闲等城市配套功能的空间载体。产业新城和城市综合体，分别作为产业地产和商业地产的集大成者，发展历史也并不相同。和产业新城比起来，我国城市综合体的发展历史更为久远，参见表4-1。经历了1990年代末至21世纪初在北京、上海的试水阶段，城市综合体建设在全国进入快速扩张阶段。根据公开资料不完全统计，仅苏州一地，规划、建设中、已经完工的综合体就达25个。而杭州号称要打造大大小小的城市综合体100个。上海则宣称2011~2013年，将新增50多个城市综合体项目。深圳市在未来的几年，在建和已经初步规划的城市综合体项目多达16个，合计建筑规模达1044.79万平方米。有关数据显示，在2013~2015年，全国城市综合体新增数量以50%~100%的速度递增；2016年，全国主要城市商业综合体存量面积超过4.3亿平方米；预计至2018年底，城市综合体的年供应量将维持在1200个左右①。

表4-1 我国城市综合体发展历程

	雏形阶段	早期开发阶段	大规模孕育阶段	快速扩张阶段
发展时段	20世纪90年代	21世纪初	2008年始	2009年始
阶段特征	数量极少；人口规模10万~20万；仅在北京、上海	数量增加到数十万；集中在一线城市	大规模开发、数量超百万；扩张到二、三线城市	数量激增规模增大
开发初衷	北京、上海中心人口激增、土地饱和	一线城市化进程加快；对综合体需求增加	政府旧城改造；重点开发商出击	政府"保八"目标城市发展新动力
开发结果	城市综合体试水	一线城市综合体规模增大、数量增多	二、三线城市和副中心综合体数量增多	二、三线城市以及新区综合体增多

数据来源：《城市综合体的概念及发展历程》。

---

① 孙小林、陈小莹：《疯狂的城市综合体：投资高达几百亿》，《21世纪经济报道》2012年4月26日。

了解完城市综合体，再来做产业新城和城市综合体的判别就很明晰了。城市综合体多分布于城市中心地带，起着聚集人口、缓解土地压力的作用；而产业新城肩负城镇化的重任，产生之初更多依托于郊区和乡镇的产业园区，远离城市中心，起着疏解城市人口，缓解城市发展压力的作用。比如说同样在苏州，与新加坡合资开发的苏州工业园发展至今，已经是我国产业新城的典型代表，成为中国对外开放的重要窗口之一，是对外经济技术合作的成功典范。而苏州的城市综合体以"苏州中心"为主要代表，位于苏州市CBD核心区域，紧邻5A级景区，主要功能包括商场、办公楼、公寓、酒店等。"苏州中心"在规划建设中已经将与周边项目的互动纳入其中，向城市共生体的方向发展，很明显不同于传统的城市综合体简单功能迭加。但是苏州中心和周边产业的互动也仅仅限于互相支持、资源共享，产业并不促进直接的经济增长。苏州工业园则明显囊括了制造业、服务业、高新技术产业等，经过20多年的发展，园区整体产业链布局也更加趋于完善。同时，苏州工业园也有相对完善的城市功能配套区，功能与苏州中心类似，但是科研、文教的功能建设是苏州中心并不具备的。

（三）产业新城与产业综合体

除了城市综合体之外，我们也非常有必要对产业综合体的概念进行辨析。当然，产业综合体和之前谈到的城市综合体是不完全相同的。产业综合体更侧重于产业，以产业为核心业务，配套部分城市功能；而城市综合体则更强调城市功能，对产业的概念是淡化的，这就导致了二者的形成源动力是不同的，产业综合体是产业新城模式下的一种现实的业态聚集形式。如今，国内主流媒体普遍认为，产业新城模式是在"以人为本"的新型城镇化模式指引下，以"建设智慧生态、宜居宜业的幸福城市"为理念，积极创新升级"政府主导、企业运作、合作共赢"的市场化运作模式，探索并实现产业新城的经济发展、城市发展和民生保障。产业新城业务包含三种类型，分别是产业新城、科技新城、产业综合体。其中，产业新城是指在城市主城区之外，以产业为先导、以城市为依托，建设产业高度聚集、城市功能完善、生态环境优美的新城区，是推动地方产业转型升级的动力引擎；科技新城是指在城市副中心，以生产性服务业为核心、高科技制造业为基础、城市生活配套为支撑，形成功能复合、高效统一的城市区域；产业综合体是指在一线城市副中心或中小城市核心区，以现代服务业和生产性服务业为核心，具有完善的城市生活功能配套的总部产业商务办公区域[①]。

  产业综合体和产业新城都是在产业新城发展需求下衍生出的新型产业形态，因此二者有相似之处。比如产业新城和产业综合体都同时具备产业集聚形态和城市功能形态，都是园区发展到一定阶段功能完善升级的产物。虽然二者都涵盖了产业新城业务，但是并不能完全等同，产业综合体和产业新城在运营形态、适用范围以及参与主体上还是有本质的差别。

  首先从运营形态上来说，产业综合体较产业新城来说普遍较小，主要还是以区域经济发展战略和产业规划布局为依托，以高成长产业聚集为核心，融合科研、办公、会展、会议、酒店、居住、休闲和交通等城市空间，提供全方位的产业生态环境服务平台为主，这样的产业综合体更像是一种地产类的综合产品，对于城市功能的完善是一种重要补充。目前国内产业综合体典型案例是"天安数码城"，天安数码城主要针对中小企业构建园区服务体系，为创新型企业和创业者提供集生产要素聚集、产业链融合、商务生活配套和创新文化为一体的全方位产业生态体系，使其成为一座超级孵化器。这样的超级孵化器对于新兴产业的集聚效应十分明显，同时由于产业链更倾向于第三产业、"双创"领域以及高新技术产业等，天安数码城在建设过程中对土地的需求不高，占地面积小，功能相对完善，是产业综合体的典型模式。但是产业新城与之不同，其不单单只是一类平台类产品。

  其次从适用范围上来说，产业综合体因其占地面积小，相比产业新城来说布局也更加灵活。因此二者在适用范围上也有所不同。产业综合体可以呈现分散式的分布形态，一个中心城市可以建设几个产业综合体。产业综合体既可以用作旧城改造，在城市中心搭建新城，也可以像产业新城一样布局在

---

① 《2016～2022年中国产业新城市场运行态势研究报告》，http://wenku.baidu.c，2016。

城市周边，疏解中心城市人口和经济增长压力，这种产业综合体一般会以"园中园""分园"的发展形态存在。产业综合体适用范围会比产业新城更广泛，但是整体规模较小，产业链搭建也相对会比较单一。因此产业综合体也可根据其承载的产业内容侧重不同，分为城市产业综合体、工业产业综合体、文化旅游综合体、生态农业综合体等不同的类型。因此一个城市要通过对旧城进行产业升级改造，产业综合体会是更好的选择。但是要培育新的经济增长点，构建规模较大的有吸引力的"反磁力"区域，吸引中心城市的就业人口，产业新城则更加合适。英国是最早提出"反磁力吸引"体系的国家，该理论主要是讲在中心城市"磁力吸引体系"之外构建地区性生产综合体，通过增加配套完善功能提升其吸引力。这个综合体既可以吸引大城市的过剩人口，又可以依靠其吸引力，发展为区域的经济中心，这种"反磁力吸引"体系其实就是产业新城的完美诠释。

最后从参与主体上来说，产业新城都有特定的园区行政中心，无论作用大小，政府主体的参与是必要的。但是产业综合体作为产业集聚的高级形式，并不要求政府资源一定介入。产业综合体可以在市场活动中自发形成，没有政府主导，企业经营活动的外部经济是其形成的根本动力。从这一意义上来说，产业综合体的区域功能较产业新城来说更为狭隘。可以看到，产业综合体和产业新城以及城市综合体既有联系也有区别，在打造新经济增长极、完善城市功能方面，产业新城是集大成者。产业新城既有产业综合体的产业集聚做支撑，也强调城市综合体的城市功能，开启了产业新城在新型城镇化过程中的新时代。在对产业新城和产业综合体做判别的时候，运营模式是重要甄别因素。

（四）产业新城与特色小镇

随着社会经济的快速稳定发展，交通运输体系的不断完善和信息技术的广泛发展应用，区域城市空间结构开始重构分化，中心城市人口、功能、产业加快外溢疏解，"新城镇"建设应运而生。北上广等大城市纷纷通过发展"新城镇"来扩展原有城市空间，并向外转移人口和产业，大城市外围郊区边缘城市逐渐繁荣兴盛。加上居民生活水平逐步提高，消费层次不断升级，聚焦环保、健康、旅游、时尚、高端装备等新兴产业，融合产业、文化、旅游、社区功能的创新创业发展平台开始成为热点板块。如今，在新型城镇化和全域城镇化的过程中，具有以上功能的产业新城和特色小镇应运而生，成为新型城镇化发展的方向。二者概念类似，功能接近。因此，我们在研究产业新城的同时，需要同步考察特色小镇这一形态。

产业新城是由工业化进程推进的一种新型城市组织形式，是集城乡一体、产城融合、生态宜居于一体的新型城镇化模式，强调产业发展和城市发展相结合。通常情况下，先形成以工业发展为主导的如工业园区、经济开发区等特定地域，这些特定地域在发展的过程中通过转型升级，形成以产业发展为主的集工作、生产、生活、休闲娱乐等为一体的新城。这种新城与传统的主城区相比，具有一定的独立性，通过"以产兴城、以城带产"，进而实现"产城融合、城乡统筹、共同发展"。

"特色小镇"是新型精品镇，是按创新、协调、绿色、开放、共享发展理念，结合自身资源优势，找准产业定位，进行科学规划，挖掘产业特色、人文底蕴和生态禀赋，实行产城融合、服务配套、管理健全的发展模式[①]。特色小镇和产业新城的共同点在于，一是运行机制相同。按照现有的模式及政策导向，产业新城和特色小镇大都按照"政府引导、企业主体、市场化运作"的原则建设运营。双方明确各自责任，项目公司作为投资及开发主体，主要负责设计、投资、建设、运营、维护一体化市场运作，充分发挥市场机制的主导作用；政府负责履行政府职能，负责宏观调控、制定规范标准、提供政策支持等职能工作。双方制定一定的收益回报机制，收益共享风险分担。二在于政府政策支持。二者都有一系列政策出台鼓励产业新城和特色小镇的发展，优惠政策包括税收政策、土地政策、收益政策、财政支持政策、金融支持政策等，这些优惠政策不仅涉及到项目开发关联主体，入驻企业同样可以获得政策支持。三是交通便利优势。产业新城的产业结构复杂多

---

① 《2018年特色小镇发展投资的八大趋势》，《中国房地产》2018年5月15日。

样、配套完备，新城与中心城市之间要有便捷的连接渠道，新城的建设要充分考虑各种交通系统连接城市的合理性和便捷性。而特色小镇，尤其是具备商旅功能的小镇业态，虽然稍远离城市中心地段，但是因为迭加了商务、旅游等附加功能，道路交通等基础设施的设置也都趋于合理和便捷。

至于一个区域是建成特色小镇还是产业新城，需要综合考虑以下几个方面。

第一要考察产业优势。不同新城镇建设有不同特征，要充分结合区域自身资源优势，进行科学规划合理定位。特色小镇是具有独特文化内涵、产业特色明确的特色镇，聚焦时尚、环保、健康、旅游、信息、金融、高端装备制造等新产业，而产业新城则是以产兴城、以城带产，以工业制造业为主发挥生产功能，带动经济、城市的发展。因此一个区域如果产业特色鲜明，有明显性的主导产业，要素相对更加集中，可以考虑建设特色小镇。

第二要取决于规模大小。建设区域的规模大小也是需要考量的重要因素。特色小镇追求"精致紧凑""小而美"，规划面积一般控制在3平方公里左右，建筑面积控制在1平方公里左右，并且要求环境优美、风景秀丽，所有特色小镇的规划建设要求按照3A级以上景区标准进行，旅游产业类特色小镇要按5A级景区标准建设。而产业新城主要是具备城市功能，追求"大而全"、集生活、工作、娱乐休闲、教育等多种产业于一体的产城融合发展，满足人们生产生活等多种需求，追求规模经济效应，需要较大空间范围。因此如果存在规模限制，就需要考虑特色小镇的建设。

第三要结合产业发展目标。不同发展目标会导致不同的发展后果。在产业布局上，特色小镇主要以第三产业为主，如云计算、互联网等新兴产业，相对于传统产业而言更具有创新性，以新理念、新技术来推进产业集聚，利用区域优势、当地产业特色优势等高标准规划高起点打造，因地制宜发展相关特色产业，做到"特而强，特而精"，以特色产业持续高效发展带动经济发展。产业新城则是产城融合发展，会出现产业转型升级。先发展产业，再完善生活功能、促进城区发展，城镇进步又反过来促进产业发展，实现产城促进、融合发展。由于产业不断发展，进而会出现产业转型升级，由中低端产业向中高端产业转变，尤其在当代社会信息更新快、产业结构不断优化的情况下。因此，针对发展更新较快并可能不断转型升级的产业，可以选择建设产业新城。

第五章
回顾：产业新城的形成路径

产业新城是以产业发展带动城市建设，反过来城市建设进一步推动产业升级的新型区域经济开发模式，体现了城市与产业双向互动，协同发展的理念。其形成路径与产业升级和城市化的进程密不可分，堪称我国城镇化的缩影。在我国城镇化建设中，产业园区化是区域经济尤其是城市经济发展到一定阶段必然出现的集约型发展模式。同样，发展到一定程度，产业园区作为最基本的区域经济发展载体，已经无法满足城市化和产业升级过程中的要素需求。此时发展和要素不匹配导致的一系列问题开始显现，也是在解决这一系列问题的过程中，园区城市化的发展路径确立下来，参见图5-1。园区城市化过程中的园区已经具备了一定的城市功能，尤其是在公共服务配套方

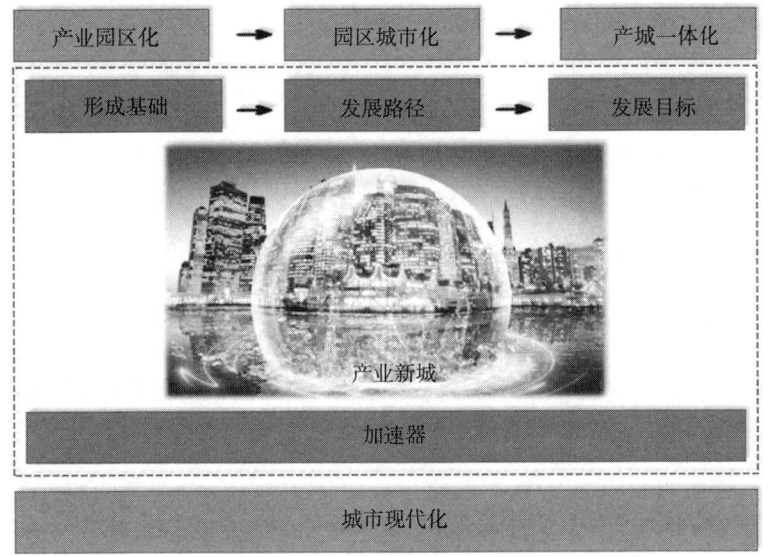

图5-1 产业新城形成路径

面，这一时期的产业园区已经不再是简单的产业聚集。

在这一过程中，城市现代化起到了加速聚合的作用，技术不断革新、人们对生活品质的要求不断提升，都促使城市功能日臻复杂和完善。园区走向城市，城市融合园区，产城融合的一体化要求城镇化要有新的发展模式。在这样的背景下，产业新城应运而生，将产业、城市和人的发展统一起来，开启了园区的新时代。

一 产业园区化

不论是从全球范围内还是我国经济发展特征来看，城镇化都是积极推动经济发展不可或缺的主要环节。在新型城镇化的背景下，产业园区化的特征十分明显。产业园区化，是在一定的经济地域和时期内，某一个或某几个特定产业摆脱行政区划和管理体制的桎梏，形成规模集聚的区域化整合发展的趋势。产业为什么会趋向园区化？这其中既有内在的自然经济发展规律的引导，也有外部驱动因素的影响作用。

（一）产业园区化的内在经济规律

从产业经济学的角度来分析，产业园区化的内在经济规律主要有以下三方面。

一是产业集聚。产业集聚理论从马歇尔时代开始一直是国内外学者重点关注的话题，不论从外部经济、成本优势还是规模经济理论来分析，产业在空间上的集聚都极大地提升了区域的竞争力，实现了"1＋1＞2"的布局可能。正是由于产业集聚巨大的经济溢出效应，不同国家和地区都将其视为获得产业竞争优势的重要原因，并在制定经济政策中将其放在战略规划的重要位置，参见图5-2。

但是市场因素主导的产业集聚自发形成不仅需要长久的过程，同时发展方向也具有不确定性，为了最大化产业集聚带来的经济效益，各方主导因素试图介入。产业园区的出现为政府、企业和研究机构等多主体提供了

第五章 回顾：产业新城的形成路径

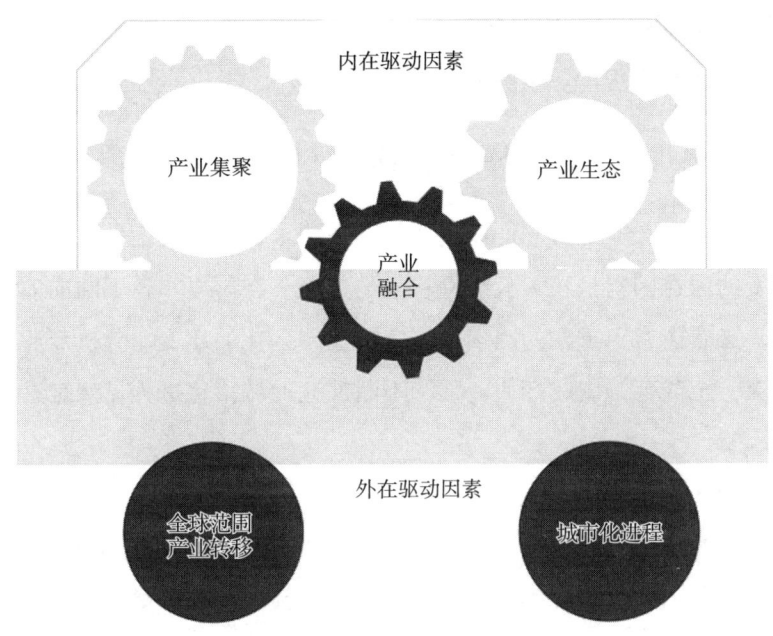

图 5-2 产业园区化的形成路径

一个最便捷高效的对话和平台，产业集聚进入了产业园区的新型空间发展阶段。

二是产业融合。产业融合是产业发展的新模式，统筹同一产业链上不同企业的融合发展，园区是一个非常好的载体。统一的管理制度、政府的公信背书以及企业高效便捷的沟通对话，都是加速产业实现融合发展的有利因素。因此，园区这个平台在企业层面上进一步被接受和推广，产业园区化过程中最重要的招商问题得以便利解决，产业园区化的示范效应降低了产业融合的成本，进一步提升了产业融合的效率。

三是产业生态。产业生态是基于资源的有效利用和分配产生的理论。资源的有限性和不可再生是制约产业发展的天然因素之一，因此实现产业的可循环、可持续、高效运转是产业实现良性生态发展的内在要求。产业园区化是产业生态的微型版本，一方面产业园区的空间集约效应有助于产业生态的统一管理和统一规划，实现园区内的产业可持续发展；另一方面产业园区作

053

为一个微型生态样本,为产业生态的发展提供了研究价值。从这一意义出发,产业园区是实现产业生态的现实需求。

(二)产业园区化的外部驱动因素

产业集聚、产业融合和产业生态的内在要求促使产业走向园区化,但是这种自发的内在因素是长久且缓慢积累的过程。在历史车轮不断向前流动的过程中,必然还有更重要的因素促使着产业园区化的质变。分析产业园区发展的历史,全球范围内的产业转移和不断加速的城市化进程显然是这样的外在驱动因素。

产业园区化最早可以追溯到19世纪初西方工业快速发展的时期,伴随着工业化快速扩张,欧洲以英国为主要代表的国家出现了工业聚集区雏形。二战后,随着国际政治经济新秩序的建立,社会环境相对稳定,各国加速推进工业化进程,产业园区在世界范围内得以迅速发展。从世界整体产业园区化进程来看,产业园区化的区域变迁史就是全球产业转移、国际分工进一步深化的过程,基本遵循了"欧美国家—亚洲四小龙—第三世界国家"的发展路径,参见图5-3。

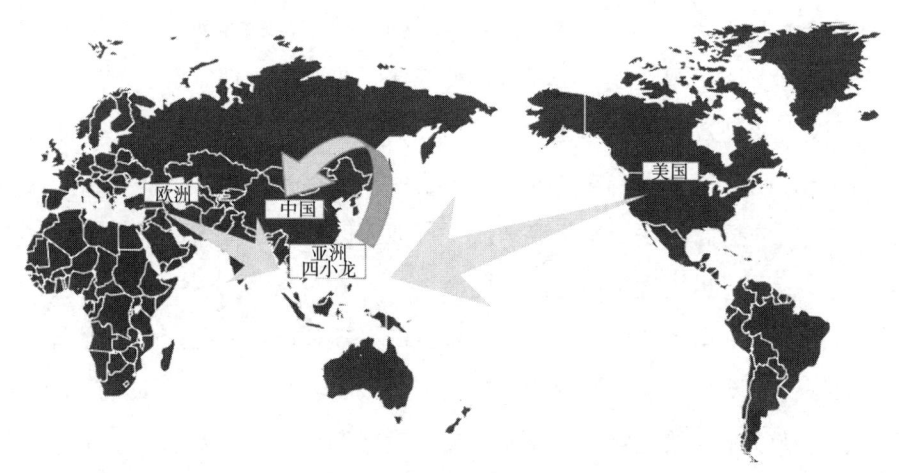

图5-3 产业园区化的国际区域发展路径

相较于国外产业园区发展历史来看，我国产业园区起步晚，直至 20 世纪 70 年代末，蛇口工业区的创办才拉开了我国产业园区发展的大幕。这一阶段是我国产业园区化发展的起始阶段，深圳特区乃至整个长三角依靠低廉的土地价格和劳动成本，充分发挥要素禀赋的优势作用，创造了沿海地区造富的奇迹。除了要素成本优势以外，蛇口工业区对外资的大力引进和国家政策的倾斜也是深圳快速发展崛起的重要推动力。蛇口工业区的成功，为国内区域经济发展提供了新思路，产业园区化逐渐成为一种全国化的现象。整个 20 世纪 80 年代，伴随着"退二进三"政策的实施，我国主要城市的内部工业企业开始纷纷向城外和郊区搬迁，新建项目也顺势布局在人少地多的新开发区。据统计，自 1984 年我国开始设立国家级经济技术开发区以来，截止到 1990 年，共设立了 14 家国家级经济技术开发区，如表 5-1 所示。

表 5-1　1984~1988 年我国经济技术开发区目录

序号	名称	批准时间
1	大连经济技术开发区	1984 年 9 月
2	秦皇岛经济技术开发区	1984 年 10 月
3	烟台经济技术开发区	1984 年 10 月
4	青岛经济技术开发区	1984 年 10 月
5	宁波经济技术开发区	1984 年 10 月
6	湛江经济技术开发区	1984 年 11 月
7	天津经济技术开发区	1984 年 12 月
8	连云港经济技术开发 E	1984 年 12 月
9	南通经济技术开发 E	1984 年 12 月
10	广州经济技术开发区	1984 年 12 月
11	福州经济技术开发区	1985 年 1 月
12	闵行经济技术开发区	1986 年 8 月
13	虹桥经济技术开发区	1986 年 8 月
14	漕河泾新兴技术开发区	1988 年 6 月

由于远离中心城市，传统的产业园区发展基础薄弱，也无法利用中心城市已有的产业资源。并且，这一时期的产业园区多以劳动密集型的加工业和重工业为主，资本利用率和技术创新率并不高，运营经验几乎为零，只能是

比着外国园区和国内先建的园区探索摸路。

1990年之后，随着邓小平南方谈话和国家一系列开放政策的推进，我国园区尤其是东部沿海地区进入了一个高速发展和快速扩张的时期，外资企业的入驻功不可没。一方面技术溢出效应明显，提升了园区生产率水平；另一方面学习国外先进的管理经验，建立基本的招商程序，提升了园区的运营效率。园区成为我国城市和区域的经济增长极，产业聚集效应凸显。至1990年末，我国产业园区带来的经济收益已经占到全国GDP总额的33%。但随之而来的还有生态环境的迅速恶化以及区域经济发展的不平衡，产业园区与中心城市的土地价格、人口密度呈现出巨大差距等问题。很多产业园区配套落后，产业结构单一，不具备可持续发展的条件。园区发展增值空间有限，在土地红利释放之后，发展进入瓶颈期。

至此，产业园区已经发展了近20年。随着国家政策收紧，对劳动密集型产业出台一系列监管政策，我国园区开始进入产业升级阶段。加之1997年东南亚金融危机以及2001年我国加入WTO，经济发展面临新的挑战和机遇，产业园区的转型升级更是迫在眉睫。高新区在这一时期应运而生，据悉，2000年以来我国共建立了113个高新区。截止到2017年，我国已有国家级经开区、高新区共500多个，省级园区1600多个[1]。高新区的出现表明了国家产业转型升级的决心。我国产业园区在完成经济快速增长的目标之后开始注重质量。

总体来看，我国产业园区化进程与我国对外开放格局变迁以及产业升级路径相对应，大致可以分为四个阶段，即1978~1990年的产业园区模式探索阶段，1991~2000年的产业园区快速发展阶段，2001~2008年的产业园区升级变革阶段，2009年至今的产业园区新城模式阶段，如表5-2所示。尽管不同发展阶段、不同经济区域的产业转移动因具有差异性，但是产业转移的区位选择具有很强的方向性，在一定程度上是集群产生的外在推动力，从而诱发产业园区化的强烈需求，而产业园区化的结果，也将导致新一轮的产业转移。

---

[1] 《2016中国新城新区报告》。

表 5-2 产业园区化阶段及特征

时期	阶段	特点
1978~1990 年	产业园区模式探索	"退二进三" 要素成本优势 产城分离
1991~2000 年	产业园区快速发展	"南方谈话"进一步对外开放 外资引入 全国复制
2001~2008 年	产业园区升级变革	"金融危机"&"WTO" 产业升级 高新区林立
2009 年至今	产业园区新城模式	"新型城镇化" 供给侧结构性改革 产城融合

产业园区化为我国城市化提供了有力的物质支撑，降低了城市化进程中的成本，实现了土地、能源的集约化利用，同时城市化的不断推进和演变，进一步将工业化生产和产业培育功能从城市中剥离出来，推动了产业园区化进程。

二 园区城市化

产业园区化在很大程度上推动了改革开放以来我国区域经济的高速发展，但是产业园区化过程中的同质化严重、管理效率低、配套不完善等问题依旧存在，"有产无城"的产城分隔现象制约了我国园区的进一步发展。显然，从我国产业园区的长远发展趋势来看，加强产业园区和中心城市的互动，促进园区城市化是解决这些问题的关键。同时，这些问题的解决也推动了产业园区的升级进步，指明了产业园区今后的发展方向——园区城市化，参见表 5-3。

表5-3 园区城市化的形成

产业园区化问题	解决方法	园区城市化特点
无规划,无配套	1. 注重顶层设计,统一规划 2. 以人为本,关注园区发展质量 3. 积极推进交通和公共服务基建,保障园区基础生活需求 4. 塑造园区品牌形象,接受社会监督,听取有益建议 5. 实行园区动态管理,定期评估,及时调整发展方向	园区配套建设: 园区和城市统一规划、共同开发 基础设施完善、具备城市初级功能
无定位,无特色	1. 在规划前充分调研与周边地区实现产业互补发展,摆脱恶性竞争 2. 创新招商模式,实现产业链招商 3. 积极引进创新型企业,为园区发展注入活力 4. 引入高校、研究机构,推动园区产业升级 5. 挖掘园区文化特质,打造园区特色文化、特色精神	园区文化建设: 园区和城市文化协同发展 园区产业多元,模式创新
无生态,无环保	1. 合理规划布局,资源集约利用 2. 行政约束,杜绝重污染企业 3. 制度激励,培育生态企业	园区生态建设: 园区和城市生态一体,要素流动自由 园区产业共生循环可持续 污染治理成效显著

(一)园区配套建设

园区城市化的特点之一是园区和城市要统一规划,在产业发展的基础上开始注重园区的公共服务功能和生活配套功能,园区建设有了城市功能雏形。这一趋势的转变是基于历史的经验和教训得出的,在我国浩浩荡荡的城市化建设中,一度出现了一些为单纯追求政绩而建设的"空城""鬼城"。园区建设呈现巨大的泡沫,盲目扩张建设、重招商轻配套的现象层出不穷,导致了产业集聚水平低、产出效能落后、生活配套不完善等问题。大量工业园区的建立,也导致区域发展的产业结构不平衡,工业比重过大而第三产业发展落后,造成了一些区域出现"产业发展落后于城镇化"的现象。比如,杭州青山湖科技城,建设初期由于配套设施不完善,基础住房需求无法保障，导致通勤人员住在杭州市区，却要在临安市工作。近几年这一问题有明显的改善，当地政府开始关注现实问题，规划建设了25平方公里的现代服务和综合生活配套区。交通配套也进一步落实，至杭州西环高速10分钟车程，至杭州西湖30分钟车程，至萧山国际机场50分钟车程，真正实现了与杭州中心城区的无缝连接。此外，大力引进高新技术人才、积极推进外来员工子女就学保障等各项工作同步进行，青山湖科技城的"科技新城、品质新区"的城市功能特征开始显现。

当然，除了产业发展跟不上城镇化进程的现象外，由于城市规划不落地，产业发展架空于城市之上的现象也是存在的。产业发展过于迅速，城镇化跟不上，无法提供完善的周边配套，也会出现"城镇化落后于产业发展"的现象。最典型的是我国发展较为落后的一些省市，像云南楚雄的园区建设，虽然引入了新产业，但是城市发展跟不上。新产业的发展也受到一定的制约，仅仅停留在园区新产业口号上。打着新兴产业的名号，实则园区招商进行困难，并没有实质上的发展，更不用提对实体经济的推动了。

可见，顶层设计在园区的开发中非常重要，注重顶层设计，统一规划园区是园区城市化的重要一步。这一设计应综合考虑中心城市与园区的地理位置、产业互补程度、要素禀赋优势以及周边区域的产业条件等，同时还要兼顾招商工作的进度和规划。此外，"以人为本"的发展理念在园区城市化进程中应贯穿始终，人口需求如果得不到满足，园区就失去了发展的核心推动力量。关注园区的发展质量，就一定要把人口要素考虑进去。这就进一步要求园区要具备初步的城市服务功能，交通配套和公共服务的基础建设、园区的基础生活必须得到保障。在塑造园区品牌形象方面，园区建设要主动接受社会监督，听取公众有益建议，实行园区的动态化管理，对园区和相关城市的发展战略进行定期评估，及时调整发展方向。

园区城市化的进程在上述问题的治理中进展明显，尤其是园区配套问题，在初期的园区建设中，对于配套的规划基本没有，配套的建设更是鲜见。但是近些年来的园区建设明显有所改观，比如苏州工业园，1994年设立，2007年开始规划建设社会公共服务设施，明确了园区要均衡配置教育、医疗、文化、体育等各类生活服务设施，实现科教文卫体各项事业全面发展。

（二）园区文化建设

园区城市化过程中要解决的另一个重要问题就是园区建设没有明确定位，盲目复制，迷失了园区是培育产业竞争优势的初衷。在我国以往的园区建设中，由于缺乏规划意识，靠着直觉摸索和模仿学习建设园区，园区开发一度出现了同质化严重的问题，造成了为追求土地红利的最大化，随意开发中心城市外围土地，没有规划，不考虑后果的现象。这样粗放式的开发过程最终导致了大量的园区空心化现象。2013年7月30日，国务院办公厅发布了《关于清理整顿各类开发区加强建设用地管理的通知》，明确指出了园区建设中存在随意圈占大量耕地和违法出让、转让土地，越权出台优惠政策，导致开发区过多过滥，明显超出了实际需要，严重损害了农民利益和国家利益等问题，并要求各级人民政府和有关部门进行全面清理整顿。其中，仅重庆市就清理出176个开发园区[①]。

经过清理行动，园区同质化的现象在一定程度上有所缓解。但是要解决这一问题，从根本上来看，还是要对园区单一产业集聚功能做出调整，避免"孤岛式"的发展。政府在园区建设前做好规划和实地调研，合理规划园区功能布局和政策设计，与周边地区实现产业互补发展，摆脱恶性竞争。此外，政府应积极引入高校、研究机构，与专业的产业规划团队合作，推动园区产业升级。在园区整体规划上，还应创新招商模式，实现产业链特色招商，明确招商目标。对于创新型企业要积极引进，争取将技术要素的量变输入转化为质变输入，为园区发展注入活力，为中心城市的发展提供技术支持。

---

① 《国务院办公厅关于清理整顿各类开发区加强建设用地管理的通知》。

在这一问题的解决中，园区除了配套功能的进一步完善之外，还承接了城市的产业转移和文化旅游等功能。通过充分挖掘园区文化特质，打造园区特色文化、特色精神，充分利用旅游资源等途径，园区与中心城市完成有效互动，共同发展。园区的文化发展体现了城市的文化更新和进步，以东莞园区文化建设为例，东莞主要有五个园区，即松山湖高新技术产业开发区、虎门港、长安新区、东莞产业生态园和广东粤海装备技术产业园。一方面，东莞园区十分重视产业创新和企业创新，形成了特有的金融创新文化，对当地经济转型、投资环境改善、产业调整和升级贡献巨大；另一方面，注重社区文化建设，与社区的配套服务建设相得益彰，也为园区留下了许多人才。

（三）园区生态建设

最后，园区本身具备一定的产业生态集中保护功能。但是在我国园区的建设中，由于速度过快，不注重规划等问题，产业园区在生态建设上并没有呈现出集中优势，反而由于我国园区产业多集中布局在制造业，对生态环境影响十分严重。同时，园区建设定位不明确对生态建设也有所阻碍。园区在招商引资中，不注重企业间的产业互动，盲目引入企业，一方面企业无法获得产业优势，另一方面园区也无法获得资本回报，最终导致园区经济效益差，企业流失率高，营商环境评价低等问题。

要解决园区生态的问题，首先在形成产业生态上要注重企业间的共生和产业循环问题。首先，一个成熟的园区，园区内部循环经济产业链应相对完整，这样不但治污成本低，企业的生产成本应该也具备市场竞争优势。其次，在环境生态上，园区应坚持制度激励和行政约束，把握好企业准入门槛，对重污染企业坚决抵制，对环境友好型的绿色创新企业应给予政策优惠，从而维护良好的园区生态，为园区内企业发展提供良好的生态环境。再次，良好的环境对留住人才以及园区长远发展都极具意义。最后，园区和城市应实现良好的生态互动，产业要素流动相对自由，环境自主修复能力强，这也是园区城市化的生态标准。

三 城市现代化

经过产业园区化的快速拉动以及园区城市化的初步结构调整，我国产业园区发展进入了一个新的时期。在技术变革汹涌而至、产业迭代加速升级的新时期，产业园区和城市现代化进程的进一步融合，产业园区和城市的良好互动是城市现代化的重要体现之一。城市现代化对于产业新城的形成，主要有两方面的驱动因素：其一是城市现代化建设的速度导致的不均衡，迫切需要新的城乡互动模式推进其改革；其二是城市现代化加速催生了产业升级和人口需求的多元化，要求园区和城市的互动中要更多地考虑人的作用，建立产城人一体化的新型发展平台。

（一）速度与均衡的博弈

在我国将近 70 多年的经济建设中，城镇化一直是绕不开的话题。根据 1949 至 2017 年我国城镇化率变化走势，我国的城镇化率从最开始的 10.64% 发展到如今的 58.52%，发展速度并不慢。但是，要实现"2020 年常住人口城镇化率达 60%""2030 年常住人口城镇化率达 70%"的目标，确实还有一段距离，参见图 5-4。

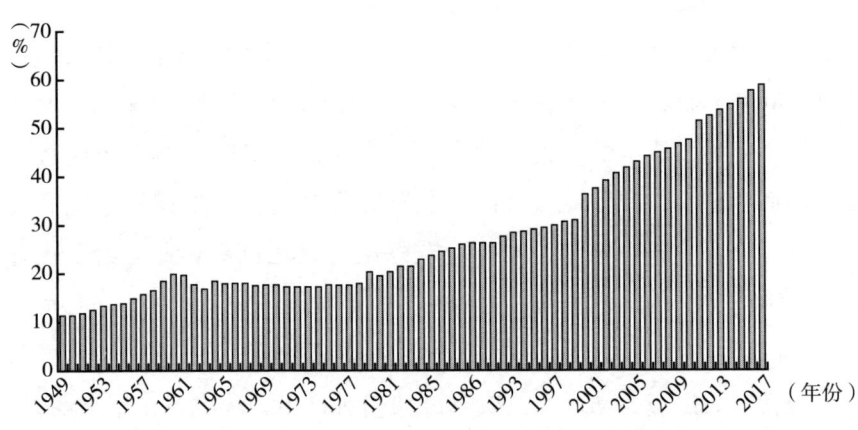

图 5-4 1949~2017 年我国城镇化率变化趋势

第五章　回顾：产业新城的形成路径

从图5-5可以看出，我国城镇化的进程呈现快速递增的趋势，但是城镇现代化过程中的显著特征除了速度快，地区间经济发展失衡也很严重。截至2017年末，中国各省域的城镇化率可以分成四个层次。

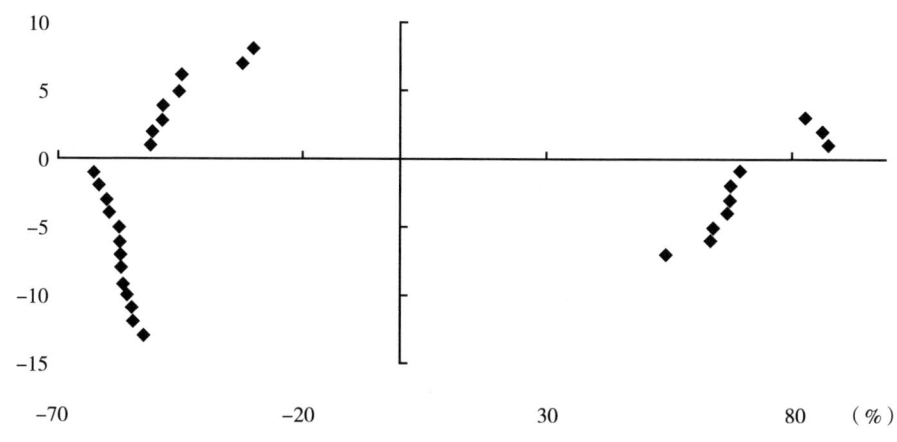

图5-5　中国各省域城镇化率分层四维象限

第一层次：包括上海、北京、天津3个直辖市，城镇化率为80%~90%；

第二层次：包括辽宁、重庆、江苏、浙江、福建、江西、广东7个省区，城镇化率为60%~70%；

第三层次：包括黑龙江、吉林、内蒙古、青海、宁夏、陕西、河北、山东、山西、湖北、湖南、安徽、海南13个省区，城镇化率为50%~60%；

第四层次：包括甘肃、新疆、西藏、河南、四川、云南、贵州、广西8个省区，城镇化率不足50%[1]。

可以看出，一级城市和地理位置相对偏远的省份城镇化的差距还是很大的。在我国城市和农村的差异，城市和新区、郊区的差异，超级城市和周边区县的差异等问题也是城镇化过程中要重点思考和解决的问题。城乡统筹发

---

[1] 陈明星、陆大道、刘慧：《中国城市化与经济发展水平关系的省际格局》，《地理学报》2010年12月15日。

063

展就是要消灭城乡二元结构，实现城乡一体化。从人口总量来看，到2030年，中国的城市人口或将超过10亿，这意味着农村人口将只有5亿多。随着农业人口的退出、土地要素的释放，农村经济将发生重大变化。现今，县域经济一头连着城市，一头紧抓农村，是我国目前城镇化的重要经济源头。在城市现代化过程中，速度和均衡的矛盾激化，县域经济是最好的沟通纽带。据研究，如果中心城区属于一级城市，县是次一级的城市，小城镇则属于三级城市。在这样的区域格局下，构建合理的发展体系就显得十分重要，而县域经济明显是维系该区域生态体系的重要一环。一方面县域经济发展可以平衡大城市的城市化进程，承接一些转移产业，另一方面县域经济可以带动农村经济的发展，将大城市和农村联系起来。因此，县域经济的崛起是产业新城形成的重要原因之一。产业新城的形成在一定程度上推动了我国小城镇和中心城市的协调发展，缓解了区域经济不平衡的问题。

（二）产业升级与人口多元需求

高度的城市化需要更加多元和完整的产业链支撑，产业升级的压力因此更加显著。实现高速发展，城市现代化进程中第一不能缺少的便是支柱性产业。产业升级的过程、产业园区的城镇化过程，都对城市发展提出了更高的要求。这意味着城市功能的越来越完善，同时还有城市现代化在主要中心城市带动下的向外辐射和扩张。此外，城市现代化过程中不能缺少的另一个要素是人。在城市现代化迅速扩张的过程中，经济发展方式、产业结构、社会资源分配和生态环境等都会随之发生一系列变化。城市中的主体——人，也会有新的参与社会生活的方式，对生活有更高的要求。人开始审视城市和产业的环境，关注自身发展，考量人居生活环境优劣，对公共服务的效率和舒适度有更多需求，对基础设施的有效支撑有更多依赖。当人的发展需求被忽视，城市和产业留不住人，就会造成劳动要素尤其是高质量劳动要素的缺失，阻滞城市和产业的发展升级。因此，在城市现代化过程中，要关注人和城市功能、产业空间的发展协调，避免出现城市、产业的发展跟不上人的发展的现象，参见图5-6。

第五章　回顾：产业新城的形成路径

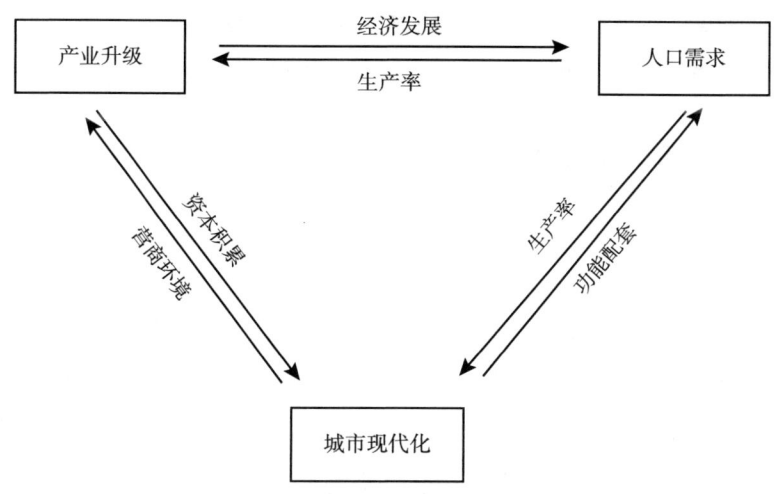

图 5-6　城市现代化进程中的产城人一体化

产业集聚和人口集聚是传统城镇化的主要表征，在城市现代化的进程中，我们更加强调城镇化的速度与均衡，也更加注重产业、人口和城市的共同发展。顺应时代要求，平衡各要素在新兴社会空间下的相互关系，这既是城市现代化的表现形式，也是城市现代化的内在要求。进步的社会中，产业、人口的发展和整个城市的发展应该是息息相关的，产、城、人发展不协调会带来各种各样的问题。自城市起源开始，最初生产力的发展、人的需求水平和层次不断提高，社会公共配套的进一步细化，最后形成城市。有了城市以后，进一步形成了城市群，城市群之间协同发展过程中需要对不同城市群以及各个城市的分工进行明确，明确之后城内城外产业都要有升级和调整，人也要和产业的升级调整相适应，这时候就需要一个新的载体——产业新城。

四　产城一体化

产城一体化是指在一定阶段和地域空间上，产业发展和城市发展相辅相成，城市发展依托产业为支撑，产业发展依托城市环境培育，二者将城市功

065

能、产业发展、生态环境、文化历史等诸多因素融为一体,实现产业不断升级、城市功能完善、环境可持续发展、文化欣欣向荣的新型城市空间格局。

(一)形成机制与路径

产城一体化强调由产业与城市功能向人本主义回归,强调在满足人的生产、生活需求基础上,实现产业发展与城市功能的复合、产业布局与城市规划相融合、产业体系与城市发展相匹配、宜居宜业的产城发展模式。因此,产城一体化的特征可概括为以人为本、功能复合、产业生态、市场和政府共同运作四个方面[1]。首先,以人为本是灵魂,满足人的生产、生活需求是产城融合发展的终极目标;其次,功能复合是必要条件,这一模式打破了以往的产业功能和城市功能不能完全融合的常态,是产城一体化最明显的外在表现;再次,产业生态是基础,应该突破单一产业结构,以一种或多种产业为驱动力从而带动整个城市发展;最后,市场和政府共同运作,产城一体化涉及政府、企业、园区开发商等多方主体,三者可以各有侧重点,但不能完全缺失,政府和市场的力量应该是同时存在的。

产城一体化的主体是产业园区和城市功能,二者在实现融合的过程中主要驱动力量有两种,一种是市场力量为主的驱动,另一种是政府力量为主的驱动。市场力量的推动主要作用在园区的产业集聚、资源要素分配和产业升级等阶段。在市场主导下的产业园区有着自发的产业集聚效应,在集聚效应的作用下,产业园区的资源和要素自由流动并进行再分配,极大化地促进了生产效率提升。在这样一种发展模式中,最为典型的是美国的硅谷,政府作用相对较弱,以企业的自主发展为主导。因此,我们也可以看到,硅谷的主导产业一直紧跟时代的发展步伐变化,也可以说是引领产业的发展。这在政府主导下的园区发展中几乎是不可能的,以政府为主导的产业园区和城市功能的融合相对更有规划,园区的选址和产业的培育目的性都很强,招商引资

---

[1] 张鹏:《新型城镇化背景下济南市产城一体化发展研究》,山东师范大学硕士论文,2017年5月。

相对也更加苛刻,由政府统一筛选决定。在这一发展模式中,政府起着决定性的作用,不论是在园区初期建设还是后期运营中。典型的政府主导型产城一体化开发模式案例就是台湾的新竹产业园,其在政策上对产业园区的强力支持,实施租税减免等优惠措施进一步降低企业生产成本,为后来我国发展产业园区提供了重要的借鉴意义。

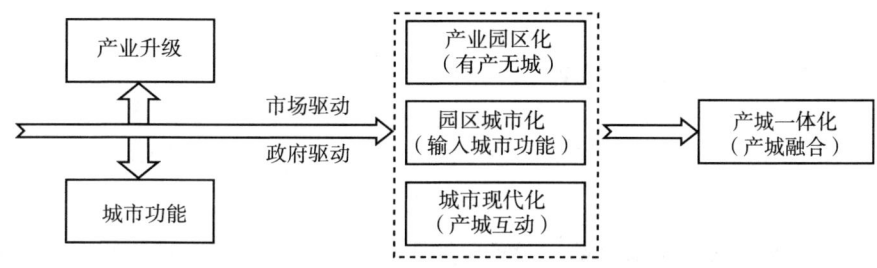

图 5-7 产城一体化的驱动机制

产城一体化实质上是基于之前的三种演变状态作用下的多要素动态发展过程,不同时期要素的组合状态和作用力量不同。"产业园区化 – 园区城市化 – 城市现代化 – 产城一体化"的发展阶段分别对应着要素聚集型、功能完善型、产城互动型和产城融合型等四种类型。相较于产业园区化时期的简

表 5-4 产业一体化发展路径梳理

发展阶段	产业园区化	园区城市化	城市现代化	产城一体化
发展类型	要素聚集型	功能完善型	产城互动型	产城融合型
空间位置	城郊地带	城市副中心	城区	突破空间概念
园城关系	与母城联系松散	联系城市副中心	互融互促	高度融合
功能配套	功能配套简单;社区及公共服务为主	配套初具规模,社区和城区级配套占主体	城区和市区级配套占主体,朝高端化发展	多样、高端、生态
职住关系	职住分离严重	员工本地居住率较高,职住趋于平衡	职住平衡	职住高度融合
产城融合水平	0~0.25	0.25~0.5	0.5~0.75	0.75~1
产城融合程度	产城分离	产城融合起步提升	产城趋向融合	产城融合

单工业园区配套，园区城市化阶段的园区基础服务，城市现代化阶段的商业中心，产城一体化阶段的园区城市功能已经非常完善，既有中央商务区，也有文化会展、科教医疗、高端社区等的配备，园区完全实现了产业和城市功能的结合，打破了产业和城市长久以来的分块对立状态。完备的城市功能更加注重人性化设计和高端个性服务，居民也多为企业员工，没有巨大的通勤压力，职住高度融合，园区已经接近于产业新城的概念。

（二）发展要求与趋势

无论是产业园区化、园区城市化，还是城市现代化、产城一体化的进程，都可以看到城镇化的身影，城镇化的主题贯穿了整个产业新城的形成和发展过程。产城一体化的发展趋势实质上就是城镇化发展到现阶段的外在表现。如果没有城镇化的发展作为外在支撑要素，产业发展和城市升级很难统一。同样，在产业园区化、园区城市化以及城市现代化的过程中，可以看到产业升级和城市升级的同步进行对于一个城市的全面发展也是非常必要的，不仅要同时进行还要相互协调。如果产业和城市的配套发展出现脱节，就会出现一系列发展问题。因此产业和城市的双轮驱动发展是产城一体化的核心要求。产业升级是城市发展的重要支撑条件，首先，产业升级本来就是城市发展的重要指标之一；其次，产业升级会形成一定的资本积累，为城市发展提供足够的资本要素；最后，产业升级带来的产业聚集和技术外溢效应，大大推进了城市发展进程。而城市发展是产业升级的重要保障，城市发达程度越高，其为产业升级提供的配套环境相应也会越完善，高水平的城市功能意味着更优质的营商环境，更多的就业机会和更高的收入水平，发达城市带来的虹吸效应向周边园区扩散，从而保证园区的人才素质，为产业升级提供丰富的人力资本。

产城一体化并不能解决我国城镇化发展中的所有问题，但是作为一种新型的区域发展模式，能够为解决我国现阶段城镇化发展过程中的很多实际问题提供思路。产城一体化一方面可以协调产业和城市的发展，另一方面可以引导城市和产业的适度化开发，提升资源利用效率，促进产业升级发展，保障生态环境不受破坏。产业新城的演进路径不是一蹴而就的,就目前城镇化的发展进程来看,至少在之后的几十年内,产业新城的建设是推动城镇化发展的重要力量。至于未来的城镇化去向何方,时代和历史的潮流将不断裹挟我们向前,答案等待我们去发现。

第六章
盘点：产业新城的发展模式

在我国产业转型升级、供给侧结构性改革加速推进的大背景下，产业新城快速发展，通过以产带城、以城促产实现产城融合。这一发展模式的特点决定了产业新城的开发具有系统性特点，主要表现在产业新城的建设需要各方面的协调和配合，不是简单的线性关系，开发项目的选择、开发时序和开发深度的差异都将影响最终的建设结果。因此，探讨产业新城独特的发展模式成为必要。本章将依托案例，从开发模式、招商模式和运营模式等角度对于产业新城的发展模式进行概述。

一　开发模式

产业新城是"产城融合"的区域开发模式，体现了产业和城市协调发展、双向融合的理念，其形成路径是通过产业园区化、园区城市化、城市现代化和产城一体化，实现产业与城市的匹配和融合发展。作为区域开发的一个具体板块，产业新城的开发模式与区域开发一脉相承。

从开发主体的角度看，我国的区域开发大体上可分为政府直接开发、市场主体开发和政企协同开发这三大类别。在区域开发的大范畴下聚焦分析产业新城的开发模式，产业新城的开发具有投资规模大、运作流程复杂等特点，适合采用区域开发中的"政企协同开发方式"进行运作。随着近年来产业新城管理方式向多元共治方向发展，政府和社会资本合作（PPP）模式在产业新城开发建设和运营中被广泛采用。

（一）概念界定与实践历程

财政部（2014）在其下发的《财政部关于推广运用政府和社会资本合作模式有关问题的通知》中对 PPP 模式进行了定义："PPP 模式是政府与社会资本在基础设施及公共服务领域建立的一种长期合作关系，在该模式下，社会资本负责项目的设计、建设、运营以及维护等大部分工作，并通过向用户收取相关费用以及必要的财政补贴，获得合理投资回报。政府部门在项目实施过程中主要负责产品价格和质量的监管，以求达到社会效益的最大化"。社会资本是指包括符合条件的国有企业、民营企业、外商投资企业和混合所有制企业或者是其他形式的经营主体。2015 年 5 月，国务院办公厅发布相关通知，指明政府和社会资本合作的 PPP 模式是公共服务供给机制的重大创新。随之，利用 PPP 模式进行区域开发在国内掀起新一轮推广热潮。2018 年，财政部第四批 PPP 示范项目公示，城镇综合开发类（含园区开发、城镇化建设）的 PPP 项目数量高达 31 个，投资额约为 584 亿元。

（二）参与主体与职能分工

区域开发是城镇化建设与改造的参与方在符合国家以及当地规划的前提下，对拟开发建设的区域进行一体化改造、建设与开发。区域开发作为整体性较强的城镇化建设与改造模式，其涵盖的范围广，相关参与方多，需要相关参与方具备较强的合作能力。利用 PPP 模式进行产业新城开发，其主体一般包括政府方和社会资本方。

在用 PPP 模式进行产业新城开发的全生命周期内，政府主体往往担当着多重角色。在项目立项初期，政府作为 PPP 模式的发起者，可以通过政府平台公司或其下属单位，与社会资本合作设立项目公司。在项目的具体执行的过程中，政府既负责区域规划和产业发展的直接决策，亦可作为公共服务的提供方，为项目单位提供必要且优质的政策便利与公共服务（如相关的项目审批与政策建议等）。结合项目经验，政府也能以直接投资或通过财政补贴等方式对项目公司提供支持，在项目开发运营周期内与社会资本方共同分享收益，并于项目开发运营周期届满后，根据项目的实际情况收回部分项目的所有权（如高速公路、城镇绿地公园等）。同时，政府作为项目的监管者，适时对相关政府采购、招投标、竞争性磋商等流程进行监督与管理。对于政府而言，如何使政府采购、招投标等流程既符合国家法律法规的相关规定，又保证项目开发的时间节点与灵活性，同时确保政府方投资的回报以及开发运营周期届满后的项目处理，这些均需要在PPP项目合同中加以详细约定，也是未来在模式优化方面有待进一步探讨的内容。

在用PPP模式进行产业新城开发过程中，社会资本往往是主要的资本投入方，与政府签署PPP项目合同，以共同设立或者单独出资的方式成立项目公司，进行区域开发项目的建设与运营。社会资本方负责投资、建设、运营和管理全周期。社会资本方有效利用其资金方面的优势或项目经营管理方面的优势参与区域开发，并按运营绩效获得服务费；同时，亦可根据不同区域开发项目的实际情况引入其他参与方共同作为项目单位的合作方完成项目，以保证区域开发的进度与质量。这种全新的角色也对社会资本方运营管理综合性项目的能力提出了全新的要求。

（三）必要性与合理性

产业新城由园区及市政道路、地下管网、变电站、污水处理厂、公园、产业发展服务中心等公共服务设施组成，产业新城的开发对资金需求量大、开发运营周期长、涉及领域广（包括市政基础设施、交通设施、公共事业设施、产业服务设施等多方面的工作），单独由政府或政府平台公司完成难免会出现资金缺口，进而导致区域开发进程停滞并影响城镇化建设的进度。而单独由社会资本方进行开发建设与运营管理，则对社会资本方的开发建设能力与综合水平有较高的要求，亦可能因与政府监管机构之间的沟通不畅对项目产生不良影响。此外由于区域开发涉及公用事业与基础设施建设，受限于相关行业法律法规的限制，单独由社会资本方完成亦不具有法律规制范围内的可操作性。

除此之外，区域开发还面临部分难点。比如，区域在人才上的短板，当城市产业发展不成熟时，难以对人才形成吸引力，人才不来，发展就没有动力。区域在机制上也面临短板，市场力量进入后，更能激发整体积极性。同时，在产业发展中，区域也面临着短板，如何在区域内吸引产业入驻，促进产业集群发展，完善整个产业链条，对于区域来说，也是急需解决的问题。

鉴于上述区域开发的特征和难点，政府已经很难独自承担对投资规模要求极高的产业新城项目，所以，引入社会资本合作开发是必然趋势。

（四）开发阶段与运作流程

财政部发布的《政府和社会资本合作模式操作指南（试行）》（财金〔2014〕113号）（简称《操作指南》）将PPP模式的操作程序分为5个阶段，即项目识别、项目准备、项目采购、项目执行和项目移交。五个阶段按照PPP项目操作逻辑前后连接，形成完整的PPP项目采购流程，其中任何一个阶段出现问题，都可能导致PPP项目失败。

•项目识别阶段：

项目识别阶段是挑选适合采用PPP模式的项目，包括项目发起、项目筛选、物有所值评价和财政承受能力论证4个步骤。

•项目准备阶段：

项目准备阶段是为项目实施做好准备工作，包括项目实施方案、项目实施机构、人员等，其中最主要的工作是编制项目实施方案。

•项目采购阶段：

项目采购阶段的关键问题包括三个，分别是充分的市场测试、设置合理的资格预审条件和核心边界条件。

•项目执行阶段：

项目执行是PPP项目运作成功的关键，因为PPP项目从项目识别、项目准备到项目采购阶段可能只需要几个月的时间就可以完成，而PPP项目的执行阶段通常需要20~30年的时间，这才是PPP项目开始实施并产生效率的关键阶段。项目执行主要关注项目公司的设立、融资管理、绩效监测与支付。项目执行阶段还需要制定定期评估机制，按照《操作指南》，每3~5年需要进行一次中期评估。

• 项目移交阶段：

项目移交阶段的主要工作包括移交准备、性能测试、资产交割和绩效评价，其中最关键的环节是性能测试。

项目实施机构或政府指定的其他机构应组建项目移交工作组，根据约定确认移交情形和补偿方式，制定资产评估和性能测试方案。项目移交工作组应严格按照性能测试方案和移交标准对移交资产进行性能测试。性能测试结果不达标的，移交工作组应要求社会资本或项目公司进行恢复性修理、更新重置或提取移交维修保函。

（五）行业实践

目前在我国，PPP模式的发展已经进入到快速发展期。在政府的大力推动下，PPP模式正在破除各种行政垄断，让社会资本越来越多地进入基础设施建设和公共服务领域。与此同时，中央政府和地方政府相继设立PPP引导基金，吸引社会资本参与，对大型的公众基础设施建设起到了积极的作用。期间，已经涌现了以华夏幸福、张江高科、中新集团、招商蛇口、天安数码城、启迪协信、亿达中国、上海临港、华发城市运营、星河产业集团为代表的一大批产业新城运营商。

华夏幸福作为国内产业新城PPP模式的探索者和创新者，早在2002年就与河北固安县政府签订协议，正式确立以PPP模式打造固安工业园区。与其他PPP模式最大的不同，华夏幸福产业新城PPP模式主要是整体开发运营，超越单体项目进行综合开发建设，大幅度减少政府对资源的直接配置和对资源要素的价格干预。具体运作方式为，固安县政府与华夏幸福签订合作协议，成立项目公司（SPV）三浦威特园区建设发展有限公司，而三浦威特公司的注册资本金与项目开发资金均由华夏幸福投入。一方面，三浦威特公司作为投资和开发主体，负责固安工业园区的设计、投资、建设、运营及维护等一体化市场运作，着力打造区域品牌；另一方面，由固安工业园区管委会履行政府职能，负责重大事项决策、规则标准制定、政策提供、基础设施及公共服务监管等，以保证公共利益最大化。华夏幸福之所以近几年能够获得持续快速增长，与其不断创新发展 PPP 模式、不断增强产业发展能力等探索精神密切相关。

二 招商模式

招商引资是促进产业新城经济发展的重要手段，是指某招商主体在招商的不同阶段，为达到树立形象、投资生成以及确保投资目的而采用的一揽子固有的方式及技巧。具体而言，在形象塑造阶段，通常采用电视、互联网等媒体形式，通过赠送资料、投资小组出访、接待来访、会议、博览会等方法为潜在投资者提供信息，使他们对招商地区有所了解；在投资生成阶段，通过专门投资研讨会、特定人员拜访、会议、展览、企业单独接触等方式使特定投资者产生投资意向；在投资服务阶段，接待投资者、提供咨询、提供"一条龙"服务，实现投资并提升与外资合作的融洽度，以达到引进资金并能留住投资，企业与新城共同发展的双赢效果。

（一）国内主流招商模式梳理

我国不同地区在招商引资的过程中，结合自身特点，摸索出了一系列各具特色的成功模式，其中，上海、苏州、北京和山东等地的园区招商引资模式较有代表性：

- 上海市：政府主导模式

由于上海良好的工业、金融化、服务业等产业基础以及长期盛行的计划经济传统，上海的招商引资模式起点较高，政府强势推动。重点方法为以园区为载体，打造招商平台。

上海市政府根据地域和产业规划，申请成立了一大批国家级和直辖市级开发园区，各个园区都有明确的主导产业和招商引资方向，并形成了大规模的产业集聚、组团发展，成效显著。以上海浦东软件园为例，以电子商务、移动互联网、服务外包、芯片设计等软件和信息服务业为主导产业，并以此为招商引资主要方向，政府提供各种便利条件，来充分保障入驻园区企业人才、技术、资金等发展需要，招商效果显著。截至2015年底，园区共有软件企业1592家，其中入驻企业592家，从业人员4万余人，园区软件和信息服务业实现经营收入630亿元。园区产业特征清晰，已形成较完整的上下游产业链，集聚效应明显。此外，上海市政府还通过推动基础设施建设增强投资吸引力；同时大力引进金融服务机构，保障企业资金发展需要。

- 苏州：市场化模式

苏州充分借鉴新加坡管理经验，以"亲商"为政府服务理念，注重"政府、企业、公民"三者的统一，政府在招商引资中只在必要的范围内行使自己的职能，最大限度地发挥企业和社会的作用。苏州工业园是典型案例，作为中国和新加坡两国的合作项目，园区从招商引资到建设开发都是采用市场运作的模式，由中新苏州工业园开发有限公司（CSSD）承担运作管理。

中新苏州工业园开发有限公司是苏州工业园区的开发主体，承担着园区内一切关于土地开发和招商引资的事务。其盈利来源主要是和园区管委会约定的分成和代理费：抽取园区商住地拍卖收入的5%作为分成，招商引进项目注册资本额的2%作为招商代理费。这样纯市场化的操作模式，使苏州工业园的发展取得巨大成功。截至2015年11月，苏州工业园已经吸引了包括150多家世界500强企业在内的5000多个跨国项目。

- 北京：总部经济模式

总部经济模式是指由于某一个单一产业价值的吸引力，而出现创意、决策、指挥等高端智能的资源大规模聚合，进而吸引企业将总部在该区域集群布局的高速发展的经济模式。北京共有8个总部经济集聚区，分别是西城区的北京金融街，朝阳区的中关村科技园区电子城科技园、北京商务中心，海淀区的中关村科技园海淀园，东城区的东二环高端服务业发展带，丰台区的中关村科技园区丰台园，顺义区的北京天竺空港经济开发区、国口商务区。其中，西城区的金融街是金融企业总部聚集区，朝阳CBD是跨国公司地区总部和国际性金融机构的集聚地，是外企总部进驻首选之地。海淀园则是以电子信息产业为主的高科技产业总部和研发中心基地。东城区以文化产业为主导，丰台区则致力于打造总部基地。这些总部聚集区定位明确，且产业层次较高，是北京总部经济发展的重要载体平台。

以丰台科技园为例，它在建设总部经济基地的过程中，注重吸纳国际性大都市如纽约、伦敦等地发展总部经济的经验，积极为大型企业总部提供完善的服务、优越的办公条件和人性化的发展空间。并且，在园区开发模式方面也有很大的创新之处，与目前国内大多数地区单纯通过招商引资的方法来建设园区的模式不同，丰台区通过政府搭建平台、企业合资参与来合作开发建设园区。

- 山东：主攻模式

从地理位置上来看，山东与日本、韩国隔海相望，是中国大陆最接近日、韩两个亚洲发达国家的地区。一直以来，山东与日本、韩国经贸往来密切，每天都有多家航班直飞，海上运输也很便利、物流体系顺畅。山东是我国传统的农业大省，部分城市工业化起步晚，基础薄弱。特别是在高新技术产业领域，处于起步阶段，缺乏优势。而日、韩属于资本主义发达国家，已进入后工业化时代，并在汽车、电子、钢铁、造船、石化、机械制造等领域具有一定的竞争优势。因此山东在招商引资方面"主攻"日韩两国，成效显著。

山东省各级政府牵头民间参与，搭建与日韩交流合作平台。通过加强与日韩的沟通交流，共同协商规划，促进产业有效对接，实现合作共赢。积极拓展项目信息渠道，通过省政府驻日韩代表处、日韩国内的经济团体、行业协会以及已在华投资的日韩客商等，及时捕捉项目一手信息，并跟踪拜访；积极承接产业转移，打造制造业基地；以山东半岛蓝色经济区建设为契机，打造中日韩自由贸易先行区。利用山东省邻近日韩的区位优势，结合山东半岛蓝色经济区的建设部署，统筹安排青岛、烟台等7个地级市发挥各自优势，加强其与友好城市的合作交流，建立一批"经济合作伙伴关系"。加快规划建设中日、中韩产业园，注重吸收日韩先进的管理经验和园区开发模式，打造高端高效高质的新型园区。

（二）产业新城招商模式分析

对于一座产业新城而言，无论选择何种招商模式，在前期定位明确之后，普遍面临"如何吸引企业入驻"的难题。尤其是在全国新城建设同质化现象严重的情况下，招商竞争逐步加剧，高质量产业招商的重要性更加凸显。这一过程中出现了一些优秀产业新城项目，围绕区域发展战略利好与区位优势进行系统科学研究，依托自身的产业优势及服务体系，实现更加专业化、精准化的招商。本节通过梳理招商全流程的各个阶段和步骤，重点针对其中的关键环节提出具体建议，同时，分析主流产业新城运营商个性化的招商策略，为产业新城运营商的专业化、高质量招商提供参考。

产业新城的招商是一个长期系统工程，主要环节包括明确产业规划与定位、制定招商目标、出台招商政策、确定营销价格、营销推广、持续跟进招商服务。未来，形成符合新城特色的专业化、全链条、高质量的招商模式将成为产业新城运营商制胜的关键因素。第一，需要考虑产业新城所处的区域位置、区域经济发展情况、资源禀赋、政策支持、物流及产业配套等因素，明确产业规划和定位；第二，需要综合考察产业新城的发展目标、行业企业分布构成、产业链结构及核心企业等因素，制定科学合理的招商目标；第三，出台完善的优惠政策，覆盖税收、土地价格、奖励金、生产生活和办公用房的补贴、人才户口和子女教育等多方面；第四，考虑产业新城所在区域的通行价格、产业配套、基础配套和产业成熟度等因素，对营销价格进行合理界定；第五，明确产业新城的独特优势和卖点，选取、监测和评估营销媒介，提出表述准确的营销推广方案；第六，在招商后期要及时了解客户的问题和疑难，针对重点企业实行"一企一策"，持续跟进招商服务。

国内产业新城的招商实践中不乏成功的策略，它们各具特色，但都是从上述招商流程的一个或多个环节着手，万变不离其宗。

一是依托公共资源集成与整合能力开展招商。良好的公共资源整合能力能够有效提升产业新城运营商的运营及服务效率，运营商依托自身独特优势，整合企业、协会、媒体与政府等多方资源，营造良好的发展氛围，为企业提供全链条服务，成为吸引优质企业入驻的关键因素。例如，张江高科经历了上市20年以来的经营发展历程，在物理空间、产业集群、产业投资、金融资源、资本市场和公共资源六大方面形成了独特的优势，有利于对优质资源的吸引和集聚。在公共资源的集成与整合方面，企业与园区管委会、各行业协会、公共媒体都保持着很好的合作关系，具有把资源导入后进行整合、再标准化输出的能力，有利于营造园区创新创业氛围、提升创新服务能级、吸引优质企业。对于重点产业布局客户，张江高科加强定制化招商力度，并在方案阶段进行客户政策、空间及环境的精准对接，实现资源的有效匹配。

二是利用核心企业引导进行产业链联动招商。产业链招商指围绕一个产业的主导产品及与之配套的原材料、辅料、零部件和包装件等产品来吸引投资，谋求共同发展，形成倍增效应，进而增强产品、企业、产业乃至整个地区综合竞争力的一种招商方式。与传统的招商方式相比，产业链招商目标是打造更为长远、更为深入的产业链。这种模式基于产业链的需求，选定主导产业，同时寻找和弥补产业链的薄弱环节，进而构建产业链并进一步打造产业集群，从而提高招商效率，减少招商盲目性。这有利于优化产业新城的产业结构、促进产业转型升级，形成产业集群，优化综合发展环境。从未来发展趋势来看，产业新城的招商将由重数量转向重质量，由重招商活动轻产业链整合转变为招商及产业链整合并重。围绕产业链进行招商，将成为发展趋势，这也对运营商的产业研究能力、资源整合能力提出了要求。

三是发挥优惠政策优势进行精准化招商。优惠政策关系到企业的利润空间，是企业入驻产业新城的重要考量因素。在产业招商竞争日益加剧的背景下，除传统的租金减免、子女入学等"普惠政策"外，针对具有强大品牌及实力的企业，制定"一企一策"式的个性化优惠招商政策，成为招商致胜的关键因素。例如，华夏幸福在各区域招商实际工作中，根据所在区域产业发展阶段，尤其是目标客户的个性化需求，制定行之有效的综合招商解决方案，以专业能力帮助企业解决其在选址、发展过程中所关注的问题和困难，消除痛点，建立信任，推动企业落户。

四是充分发挥国家或区域规划战略优势打造招商吸引力。好的政策和投资发展环境与入驻企业的发展机会和利润空间密切相关，国家和区域层面的长远规划和政策支持将有效带动产业资源、人流、商流、信息流的集聚。从区域发展来看，我国未来将加快城市群建设发展，打造京津冀、长三角、珠三角世界级城市群，在全国范围内共打造19个城市群，其中京津冀协同发展本身就是三大战略之一，发展潜力突出；长三角、长江中游以及成渝城市群分布在长江经济带沿线，是东中西部产业转移的最主要的横向通道；而长三角以及珠三角地区都是21世纪海上丝绸之路的核心区，承担着海上对外开放以及创新升级的使命。通过梳理全国主要产业新城项目发现，以华夏幸福为代表的产业新城运营商们始终紧随国家战略和城市群发展机遇，不仅在国内的京津冀、长三角、珠三角等具备产业发展优势的重点地区落地项目，还开始了他们在"一带一路"沿线国家开启国际化战略布局的步伐。随着产业新城项目布局越发集中于以上区域，准确明晰的项目定位、个性化的优惠政策、完善而具有特色的配套与服务将成为运营商们招商引资的制胜关键。

在我国经济结构持续调整的背景下，产业新城的功能定位及招商将向更深层次、更多元化的方向发展。未来，优秀的产业新城运营商将更多地通过引入行业龙头企业来实现上下游产业链的纵向延伸，通过围绕聚集于产业链条上关系密切的企业实现产业的横向拓展，加快产业结构调整，完善服务、增强运营能力，逐步形成自身优势及特色。

三 运营模式

在以PPP模式运营产业新城的过程中，产业新城运营商通过整合地方政府、资金、技术、高新产业等各方资源，进行园区的规划建设和运营管理服务。企业在园区起步前，就与当地政府签订排他性的园区整体委托开发协议，对园区进行前期规划、基础设施建设、土地整理、商品房开发、工业厂房开发、园区招商引资以及企业入园后的物业管理服务，政府则提供行政方面的服务和管理。

下面以国内几家大型的产业新城运营商为例,对其产业新城的运营特点进行分析。

(一)华夏幸福

华夏幸福创立于1998年,是中国领先的产业新城运营商。截至2018年6月30日,公司总资产为3871.36亿元。公司以"产业高度聚集、城市功能完善、生态环境优美"的产业新城、"产业鲜明、绿色生态、美丽宜居"的产业小镇为核心产品,通过创新升级"政府主导、企业运作、合作共赢"的PPP市场化运作模式,接受合作区域政府的委托,为委托区域提供区域经济社会发展的"一六四四"全流程综合性整体解决方案,六大服务涵盖规划设计服务、土地整理服务、基础设施建设、公共设施配套、产业发展服务、城市运营维护,补齐中国县域发展中存在的资金、人才、产业、机制四大短板,提升城市魅力、吸引力、承载力和竞争力,如图6-1所示。

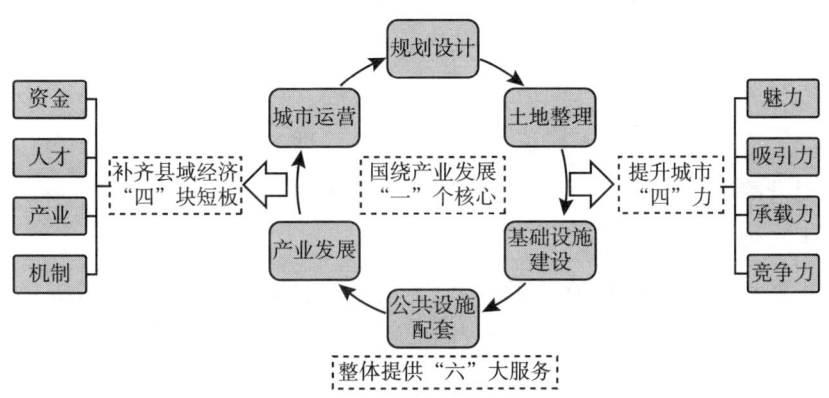

图6-1 华夏幸福"一六四四"全流程综合性整体解决方案

- 运营模式概述

华夏幸福建设运营的产业新城是一个完整的公共产品。根据PPP协议分工,华夏幸福为委托区域提供一套经济社会发展的"全流程综合性整体解决方案",包括规划设计服务、土地整理服务、基础设施建设、公共设施配套、产业发展服务、城市运营维护六大服务，最终将一个产业新城作为完整的公共产品提供给政府、企业和社会公众。

其中，第一项规划设计服务，是根据区域经济发展、产业基础、资源优势、人文环境等，制定精准的总体规划、产业规划、空间规划等一系列规划，为后续高标准建设和高水平运营描绘发展蓝图；第二项土地整理服务，是协助政府部门完成土地整理相关工作，为后续基础设施和公共设施建设用地和入园企业项目用地提供保障；第三项基础设施建设，是指在合作区域内建设交通、供水、排水、能源、通信、环境等基础设施，不断完善企业入驻条件，为产业新城后续运营和发展奠定基础；第四项公共设施配套，是在合作区域内建设展览馆、公园、绿地、学校、医院等各项公共设施，不断完善城市功能，满足产业集聚和城市发展带来人口的生活需求；第五项产业发展服务，是对接国内外产业资源、导入产业要素，吸引符合规划的、高端产业企业入驻产业新城，培育发展产业创新生态体系，为产业转移提供原生动力。面向入园企业需求提供综合解决方案，加快产业落地，推动产业集群聚集；第六项城市运营维护，是针对合作区域内交通、能源等基础设施，教育、医疗等公共设施提供维护维修、运营保障、物业管理等服务，同时为提升产业发展、实现人民安居乐业，提供社会管理、城市品牌形象塑造、文化魅力提升等服务。

• 运营服务体系

华夏幸福拥有约4600人的产业研究与发展团队，为所在区域提供产业研究规划、产业落地谋划、全球资源匹配、承载平台建设和全程服务运营。这支专业而全面的产业发展团队所提供的服务包括产业研究规划、产业落地谋划、全球资源匹配、承载平台建设和全程服务运营。

其一是产业研究规划。华夏幸福通过依托华夏幸福产业研究院以及麦肯锡、波士顿咨询等国际机构，紧跟全球经济变迁大势，预判前沿产业发展趋势，科学地为区域规划产业发展方向。

其二是产业落地谋划。谋划由华夏幸福产业集群专家团队提供，团队成员来自于国内知名的国家级开发区、行业龙头企业等，拥有多年的产业集群实际打造经验和较强的产业规划、实施能力，专职负责华夏幸福各产业新城内产业集群的谋划、突破与落地。

其三是全球资源匹配。十余年间，华夏幸福的产业招商团队积累了海量企业信息，覆盖10大行业，建立了200余家由具有专业背景人员领衔的产业服务公司，为企业提供了全面围绕国内核心城市的一揽子选址服务，此外，苏州火炬、伙伴产业服务公司、美国康威国际等专业的产业促进团队作为华夏幸福战略合作伙伴，构建全球招商资源网络，为区域匹配并导入适合的产业资源。

其四是承载平台建设，华夏幸福产业园建设的专业团队，以企业需求作为根本出发点，可为不同类别的企业匹配相应的承载平台，提供"标准化+定制化+特色化"的产业载体建设服务和免费的工程管理服务。

其五是全程服务运营，根据企业入园前后的实际需求，提供"全方位+立体化"的产业服务，搭建咨询服务、行业服务、审批服务与生活服务四大平台，帮助入驻企业高效对接政府的服务，对接华夏幸福的载体空间、产业集群、金融资源和物业的服务，对接华夏幸福战略合作伙伴提供的人才引培、法律财税、规划咨询等第三方企业的服务等。

针对入驻园区的企业，华夏幸福提供八大产业发展服务，涵盖产业规划、选址服务、全球资源、行业圈层、金融支持、专业载体、一揽子政策、全称服务八大领域。

- 盈利方式

在上述运营模式下，华夏幸福的盈利方式为，地方政府将委托区域内新增财政收入地方留成部分的一定比例纳入预算，统筹用于支付华夏幸福的区域建设、运营工作服务费；规划设计服务、土地整理服务、公共设施建设、基础设施建设等按照成本加合理回报计取，产业发展服务费按照新增落地投资额的一定比例计取。

（二）张江高科

上海市张江高科技园区创建于1992年7月，是张江国家自主创新示范

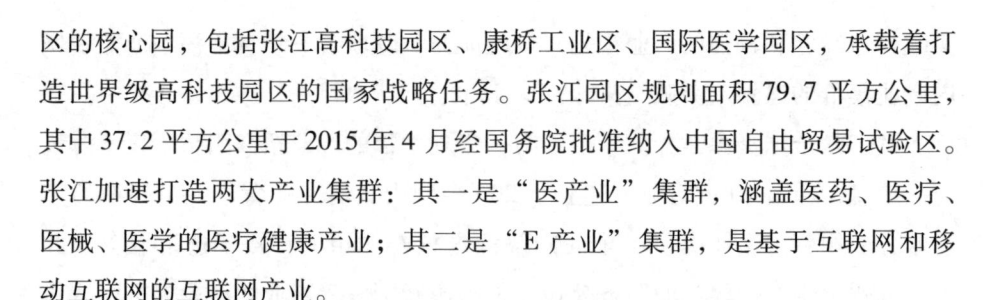

区的核心园，包括张江高科技园区、康桥工业区、国际医学园区，承载着打造世界级高科技园区的国家战略任务。张江园区规划面积79.7平方公里，其中37.2平方公里于2015年4月经国务院批准纳入中国自由贸易试验区。张江加速打造两大产业集群：其一是"医产业"集群，涵盖医药、医疗、医械、医学的医疗健康产业；其二是"E产业"集群，是基于互联网和移动互联网的互联网产业。

• 运营模式概述

张江高科提出以科技投行作为战略发展方向，着力打造新型产业地产营运商、面向未来高科技产业整合商和科技金融集成服务商的"新三商"战略，重点聚焦于把产业地产的有形资源转化成产业投资的无形资源，将产业地产和产业投资有机融合、创新协同，形成独特的商业模式。这意味着张江高科的利润点不在租售环节，而在资本市场。

• 运营服务体系

在公共服务上，张江高科建设有浦东软件公共技术服务、知识产权公共服务、高新技术产业咨询服务等平台以及数据支持中心；在金融服务上，建设有浩成创投、张江企业易贷通、张江小额贷款、张江科投等机构，通过完善的服务体系保障园区的稳定运转，参见表6-1。

表6-1 张江高科运营服务体系

公共服务	金融服务	休闲居住出行	专业经理人
浦东软件公共技术服务	浩成创投	员工人才公寓	HR俱乐部
数讯数据中心	张江企业易贷通	园区自行车租赁服务平台	财税经理俱乐部
知识产权公共服务平台	张江小额贷款	园区有轨电车及免费班车	
企业咨询服务平台	张江科投	张江体育休闲中心	
高新技术产业咨询服务平台	艾西益货币兑换		
张江高科技园区接待中心			

• 运营服务资源

为进一步增强产业地产开发和产业配套服务的专业化能力，张江集团于2015年1月设立了上海张江慧诚企业管理有限公司，代表张江集团承担张江高科技园区产业发展配套服务的功能。该公司是张江集团依托原客户服务中心团队，将张江集团体系下上海张江企业咨询服务有限公司、上海纳百川人才服务有限公司、上海张江公共租赁房建设有限公司、上海新张江物业有限公司、上海张江高科技园区综合发展有限公司、上海张江新能源有限公司六家专业化服务公司整合而成。

作为张江集团旗下唯一专注于企业服务集成的全资子公司，张江慧诚以打造"产业地产配套服务提供商、企业全生命周期服务提供商"为己任，致力于为张江高科技园区企业运营配套环境的优化，企业科技创新生态环境的提升发挥核心引领作用。张江慧诚已基本具备科技创新创业服务、产业地产配套服务和环境治理服务三大领域的资源整合能力以及产业联盟、政务服务、社区活动、人力资源、人才公寓、能源服务、市政配套、环境服务等方面的专业服务能力。

• 盈利能力

在上述运营模式下，张江高科打造园区的盈利方式为土地一级开发，整体销售；园区产业地产开发销售；园区物业租赁；地产开发销售/住宅项目投资参股；科技企业股权投资；产业服务增值。

（三）福田天安数码城

天安数码城成立于1990年，总部位于广东深圳，在全国11个城市开发、运营和管理17个园区，以珠三角为重点，覆盖长三角、环渤海和西南经济圈，总运营面积超过1200万平方米。二十多年来，天安数码城构建出以创新企业生态圈的建设运营为核心，以智慧园区和金控平台为两翼的业务发展模式，服务企业从苗圃、孵化、加速到成长的全生命周期。

• 运营模式概述

天安数码城以"产业综合服务运营，提供创新创业产业空间+综合服务"作为核心理念，其产品从20世纪90年代初的工业园先后经历了工贸园、科技产业园，逐步发展成较为成熟的城市产业综合体如表6-2所示。

表6-2 天安数码城园区形态演进

产品形态	时期	主要建筑形态	入驻企业定位	阶段特征
工业园	1990~1996年	工业厂房	"三来一补"加工型企业	以大型机器为中心、厂房面积为首要关注因素
工贸园	1997~1999年	工贸大厦、公寓生产型企业、住宅	生产型企业、贸易型企业	生产为主贸易驱动
科技产业园	2000~2008年	科技产业大厦、商业街区、公寓、住宅	高新技术企业	专注企业总部、研发、检测、生产展示、营销、售后服务等高附加值产业链
城市产业综合体	2009~现在	科技产业大厦、总部大楼、商业街区、企业会所、酒店、企业展示中心、生产性服务企业	总部企业、高新科技企业、创意企业、绿色低碳企业、生产型服务企业	物业形态多样性功能复合性产业融合性

- 运营服务内容

天安数码城针对入园企业成立企业家俱乐部"优合汇",并搭建优合汇综合服务平台,致力于智慧园区的打造,在园区内创新发展了一系列智慧服务内容,参见表6-3。

- 优合汇综合服务平台

一大中心:产业转型升级企业体验中心;

三大平台:科技孵化器(加速器)平台,中小企业融资、种子基金服务平台,数码IT产业聚集式发展示范平台;

六大板块商企联盟:金融投资、医疗机构、地产物业、餐饮酒店、科技企业、休闲娱乐;

九大空间:灵动创新建筑空间、和谐生态园林空间、创业创富聚集空间、中高级人才展示空间、新兴战略产业组合空间、产业转型升级样板空间、产业链上下游整合空间、社区型创新空间、ITTBCL聚合空间。

表 6-3　天安数码城服务分类总结

核心服务	风险投资协助服务；金融贷款协助服务；工商、税务等政务协助服务；高端人才服务；技术科技支持服务；法律咨询服务；高新企业认证协助服务；知识产权代理服务
基本服务	会员入园 VIP 优惠服务；优惠政策咨询及申报服务；企业家交流互动服务；展示推广服务；会议、培训服务；物业租赁及管理服务；休闲消费优惠服务；商务交通服务
办公信息服务	会员入园 VIP 优惠服务；优惠政策咨询及申报服务；企业家交流互动服务；展示推广服务；会议、培训服务；物业租赁及管理服务；休闲消费优惠服务；商务交通服务
商务互动服务	企业高峰论坛；商务群英红酒品鉴会；研发人才招聘交流会；科技园考察；十大最佳创新民企评比；园区主体运动会
特色服务	入园最低优惠；物业优先选择；交流合作服务；最新资讯服务；活动参与服务；内刊免费获得

● 智慧园区服务内容

（1）智能通信

充分利用 RFID、移动通信网络、光纤网络等多种网络互连，实现物与物、物与人、人与人的各种互连，打造园区与通信骨干网相连的"信息高速公路"。

（2）智慧云计算

根据园区实际状况自行建设云计算中心或充分利用附件区域的云计算中心，为园区提供可靠的基础软硬件、丰富的网络资源、低成本的服务和管理能力。

（3）智慧产业

利用各种智能化、信息化应用帮助智慧园区产业实现生产方式、经营模式及运营方式的转变，增强企业竞争力，提升企业的生产效率，实现转型升级，并以智慧园区为核心形成产业链的有效聚合。

（4）智慧民生

通过各种智能化、信息化应用为园区居民的日常生活等各个方面提供周到、方便、安全、贴心的信息化服务，充分有效地聚集人才，促使园区成为一个在园区内找到人的自我满足感的智慧聚集地。

（5）绿色园区

通过楼宇信息化、智能化技术，结合物联网、云计算技术实现园区整体的节能减排；通过优化整合园区内各楼宇的资源，实现整个园区的节能减排。

● 盈利方式

在上述运营模式下，天安数码城的盈利方式为以下三点。

（1）住宅产品、部分商业产品直接销售；总部楼、产研大厦等产品部分直接销售的收入。

（2）持有部分物业经营，赚取租金，并在未来物业升值之后取得收益。

（3）将持有的物业资本化。天安数码城通过战略合作的创投公司以及成立全资下属的创新基金等方式，针对园区企业，以物业租金和现金的形式，联合政府和其他基金，进行股权投资。

（四）联东集团

联东集团创办于1991年，注册资金6.2亿元，是一家集产业园区运营、模板钢结构和投资业务于一体的集团化公司。对于在行业中的地位，联东曾提出口号"住宅地产看万科，产业地产看联东"。联东集团在发展中逐渐形成以建筑模板为核心业务、产业地产为增长业务、金融投资为种子业务并行的"三驾马车"格局。

● 运营模式概述

联东集团的运营理念为"先产业，后地产"，按照"强势招商、专业运营"的模式，通过建立庞大的招商队伍、客户资源库，同时借力产业联动、政府联动和专业的招商机构形成招商方面的强势资源和核心优势；企业入驻产业园后，为其提供专业的物业运营服务，包括工商注册、审计咨询、园区企业活动、园区安防、政策培训、专利申请和信贷申请等，为企业的高效发展提供动力。

- 运营服务体系

目前，联东集团形成了车辆业务平台、保险业务平台、商务统购平台、广告代理平台、租赁平台、法务咨询平台、统采统购平台、手续代办平台、人力资源平台、政府扶持平台、手续代办平台等多平台运营服务体系，致力于为园区企业打造完善便捷的运营服务模式，如图6-2所示。

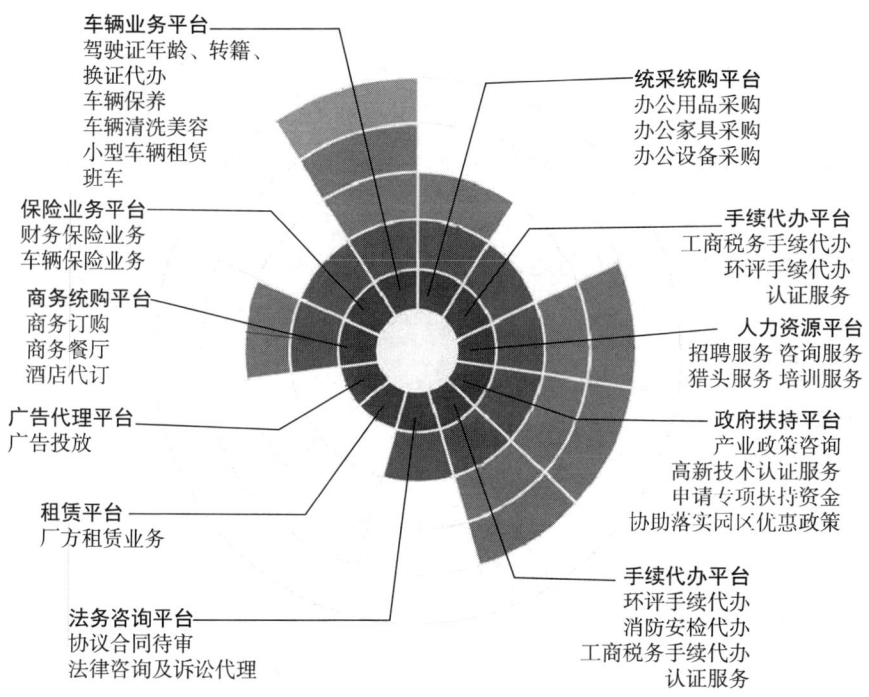

图6-2 联东集团运营服务体系

- 盈利方式

在上述运营模式下，联东集团的盈利方式为以下三点。

（1）租售收入：联东集团采取的是销售与租赁兼具的模式，一般为"6+2+2"（60%出售、20%出租、20%合作经营）标准或"4+3+3"（40%出售、30%出租、30%合作经营）标准。

（2）物业收入：物业收入是联东集团开拓的方向，随着服务平台的完善，其中的商机也越来越多。

（3）投资收入：在项目运作过程中，联东集团与金融机构的广泛合作，如类地产投资、多方位股权合作、VC、PE等；同时联东U谷还是东方证券、北京银行的股东，具有较好的投资回报。

（五）招商蛇口网谷

招商蛇口是一家综合性开发经营企业，是招商局集团房地产板块运营的旗舰公司以及招商局集团在国内的资源整合平台。2015年底，招商局集团以蛇口工业区为载体，通过对旗下上市公司招商地产的吸收合并，成功实现"招商蛇口"挂牌上市，合并重组上市后，招商蛇口提出新的发展战略——"前港、中区、后城"，分别对应三大业务板块，即邮轮产业建设与运营、园区开发与运营及社区开发与运营。招商蛇口园区团队在对外扩张时，相比于传统的一、二级土地开发，越发倾向于做一些轻资产和管理输出，尽可能地减少自有资金。

- 运营模式概述

运用"园区+资本"的运营理念，打造以"产、网、融、城一体化"的智慧城市、智慧商圈、智慧园区、智慧社区，从企业发展期入手，探寻高增长潜力企业，通过提供资本金入股、租金折股、租金和服务收入折股等多元方式创新投资融资模式。

一是搭建平台。除了以蛇口网谷为代表的创新创业孵化平台之外，招商局截至2018年已建成8个国家级科技创新平台，与多家知名院校和科研单位建立了战略合作关系，通过发挥集团产学研融优势，促进科技创新成果向现实生产力转化；二是嫁接资本。招商局利用产融结合的产业结构优势，为投资者找到有前景的项目，也为创新企业提供全生命周期的金融服务。

- 运营服务体系

蛇口网谷搭建园区线上运营服务平台，提供包括客服服务、入园服务、产业服务、咨询服务、办公服务、生活服务等在内的综合平台化服务，如表6-4所示。

表6-4 招商蛇口网谷运营服务体系

客户服务	园区活动、企业家俱乐部、网谷咖啡
入园服务	楼盘风采、入驻流程、园区概况
咨询服务	园区新闻、园区公告、园区规划
产业服务	移动互联网软件开发测试公共平台、物联网综合应用开放实验平台
办公服务	人力资源、企业商旅、视频会议、CRM
生活服务	网谷生活、网谷论坛

● 盈利方式

以房地产开发销售为主的社区运营业务是招商蛇口目前主要的收入来源,受益于园区运营业务的推进和经营性物业销售,利润持续增长。

总结来看,园区的运营盈利模式主要包括土地运营、增值服务、金融投资、模式输出四种方式,具体内容如表6-5所示。

表6-5 蛇口网谷运营盈利模式分类总结

模式类型	收益项目	内容
土地运营	土地增值	原有土地只租不售获得土地增值;以产业名义低成本获取土地
	租金收入	产业用房的租金收入
	商业地产	配套的商业性房产开发,商业房价的出租出售
	住宅地产	获得住宅配套,住宅出租和出售
增值服务	产业技术性服务	公共性技术平台
	产业发展性服务	融资、咨询、培训、信息、政府关系、孵化、知识、媒体、网络、物流、人力资源、软件服务外包等
金融投资	产业投资	VC/PE
	专业性公司投资	投资专业性公司并实现IPO
	产业用地资本运作	不允许直接转售情况下,探索作价入股方式
	现有房产的资本运作	产业型房产股权、信托、证券化运作
模式输出	生地开发	土地的一级开发建设、BOT运营、以土地入股共同开发
	熟地改造	原有物业改造与功能变更
	委托经营	分享税收或服务性收益

第七章
解读：产业新城的功能输出

随着国家新型城镇化的推进，面对传统粗放式的地产开发模式难以为继的刚性约束和国际产业转移和大都市郊区化带来的产业升级、区域分工的历史机遇，当前地产商业模式正在经历着由传统住宅地产向产业地产的蜕变；另外，城市人口需要在有限的城市资源承载力下自由流动并服务于产业发展，其物质和精神生活需求对城市公共空间载体提出了更高层次的要求。而产业新城正是依托于某一个或多个相关产业（"产业"），通过新型合作模式（"新"），以地产开发为手段建设的产业高度聚集、城市功能完善、生态环境优美的新城区（"城"），既是推动地方产业转型升级的新引擎，也是实现人民安居乐业的重要抓手。下文将通过"产业""新""城"三个关键词对产业新城的功能加以介绍。

一 助推"产业"发展的重要驱动力

产业新城的发展是以一种或多种产业为驱动力从而带动整个城市发展的新型发展模式。面向新经济、新产业、新时代的需求，产业新城的定位逐渐从生产型基地向服务型生产基地转变。突出表现为以研发孵化、科技金融等功能为主的区域性服务业逐步取代了规模化生产和住宅开发，成为产业新城发展的重点；主要体现为设施服务水平的高端化，空间环境建设的高水平，区域性生产组织的平台化；同时，产业新城的运用模式逐步从封闭转向开放，突出表现为产业新城空间组织逐步强调强化区域整合的开放体系，以释放产业新城的辐射带动作用；主要体现为具有高等级辐射能力、拥有高水平服务能力公共配套的区域服务中心,同时产业新城还将承担所在城市产业空间开拓、空间结构重组等多重使命。

(一)推动本地产业升级

在传统开发区内部,进驻的企业均以劳动密集型企业和中低技术企业为主,在经济产业链中所承担的职能主要为模块零部件生产、组装加工和营销管理等,这类项目不仅占地多而且产品附加值偏低。例如在2016年,苹果公司在全球拥有18家组装工厂,其中14家位于中国,然而中国劳动者获得的利润还不足成品利润的10%。目前,随着产业新城的发展由传统第二产业推动转为由第二、三产业共同推动,高端生产型服务业逐步成为产业新城的核心竞争力,研究开发、产品设计等上游环节以及营销、售后等服务业成为新的产业形式,这类项目用地集约且产品附加值较高,如天津滨海高新技术产业开发区于2009年确定的发展定位为我国自主创新和高新技术研发的高地,成为引领全球科技及新技术产业发展的龙头,支撑中国第三增长极的重要创新极;中关村科技园区于2011年确定的发展定位为深化改革先行区、开放创新引领区、高端要素聚合区、创新创业集聚地、战略产业策源地。这些产业新城都通过发展高新技术产业和服务业来推动城市进行产业升级。

(二)推动区域产业协同

自新中国成立以来,我国对于区域发展的政策就在持续推进,尤其是随着对内对外开放状态的不断完善,区域间在经济交往上日益密切、相互依赖日益加深、发展上关联互动,逐渐形成各区域经济均持续发展的局面。而产业新城能够依托独特的地缘优势,与周边城市保持密切联系,深化合作,在区域协同发展方面发挥重要作用。以固安产业新城为例,固安位于大北京经济发展圈,距离天安门仅50公里,距离新机场仅10公里,地处北京新机场临空经济核心区、相邻区和外围辐射区。黄金的区域条件决定了固安的先天优势,适宜承载北京创新成果转化,支持京津冀世界级城市群的功能和空间组织模式由"传统生产体系"向"生产与消费服务复合体系"转变,吸纳科技创新功能成为世界级城市群提升全球影响能力的竞争手段，流通便捷的枢纽空间、具有人文特色的交流空间成为科技创新功能的重要载体。

二 具备"城市"功能的完整综合体

随着经济的发展和城镇化率的不断提升，大城市人口急剧增长，市区人口和产业的集聚不断加强，导致市区用地不断向四周蔓延，形成了单中心高度聚集的城市形态，中心城区人口密度很高。这种单中心高度聚集的城市结构带来了诸多城市问题。如城市住房短缺、房屋价格飞涨、贫富两极分化矛盾日益突出、交通拥挤、出行不便等。在空间上，人口大量增加造成城市住宅的严重不足，使得许多设施不完善的住宅开始在郊区蔓延。城市郊区用地急速向城市建设用地转变，无序开发带来了开发效率偏低等一系列问题[1]。而建立产业新城能够从人口疏散和产业转移两方面缓解大城市问题，同时产业新城具有完备的配套设施建设，便捷的交通运输能力、优质的生态环境以及可以创收的城市附加值项目，承担了满足居民需求的"城"的功能。

（一）承接非核心功能转移，缓解周边城市压力

产业新城，作为一种或多种产业为主导的形式建立起来的相对独立的新城镇，属于随着大城市空间的扩张，在中心城区外围地域经过统一规划设计能分担大城市居住功能及产业功能，交通便利、设施配套、环境优美，具有相对独立性的城市绵延区或聚居点，它能够拓展城市空间，缓解城市人口和产业的压力，创新城市管理，是解决城市化过程中产生的"大城市病"的有效途径。1960年代中期至1970年代中期，日本经济持续高速增长，城市化水平迅速提高，至1975年城市人口已经达到总人口的75.9%，城市病严重。筑波科学城在这种背景下应运而生，日本将部分国家级实验室、研究与

---

[1]《新城建设——解决大城市病的有效途径》，http://www.360doc.co，2014。

教育机构迁入筑波科学城，不仅以一种有序的方式减轻首都密集地区的人口过度集中的压力，还打造了以国家试验研究机构和筑波大学为核心的综合性学术研究和高水平的教育中心，成功实现了教育和研发产业的转移，同时适当提高闲置土地的使用率，为东京地区经济均衡发展做出贡献。

（二）完善配套服务功能，满足本地居民需求

产业新城最为显著的特征就是"产城融合"，是工业化和城镇化相结合的一种城市发展方式，产业新城拥有完善的居住、产业和公共服务功能，以人为本，用现代科技手段进行城市规划，充分发挥城市人口居住、休闲、工作、交通等基本功能，为市民创造安全、舒适的城市环境和便利的生活条件。

同时，产业新城强调整个城市功能均衡，注重新城居住、就业、商业、购物、办公、文化娱乐、休闲、公共设施等方面的平衡协调发展，为新城居民提供多元化、综合化的城市服务，满足多元化需求。比如完善的配套设施，新城与中心城之间要有便捷的交通系统相连接，新城内部的交通要充分考虑公交系统、步行系统和主要交通干道的合理性和便捷性，使得落户新城的企业、机构和居民的出行方便快捷，畅通无阻。

传统开发区内部的服务用地占比往往以满足人的生理、安全两方面的刚性需求为主，如教育用地、医疗卫生用地和零散分布在居住组团内部的商业用地等；但是满足人的尊重需求与自我实现两方面弹性需求的服务用地的供给严重不足，如商务用地、科研用地等（张忠国、夏川，2018）。而产业新城的建设，不仅解决住房、治安、医疗等基本问题、满足人的生理需求和安全需求，同时关注居民在工作、生活的过程中对社交、尊重、自我实现的需求。在激烈区域竞争的背景下，立足服务和环境品质，将是新城高端发展的重要保障。在人的生活需求的影响下，新城建设着重打造开放通透的新型创业社区，使创业空间、休闲空间、居住空间、交流空间实现联通。

以美国里斯顿新城为例，该城产品形式十分多样化，开发目标是为居民建设一个终身居所。该项目通过提供各种类型各种价位的住房款式（从高

层带有小厨房和卫生设备的小型公寓到独立住宅),能够满足不同收入水平以及家庭生活不同阶段的需求,这种混合户型的存在使得居民能够在这个社区生根,从青年、中年到老年的各个阶段都无须从社区中搬走。同时,该城还建有办公和购物中心,社区设施包括学校、图书馆、教堂、日托中心、医疗护理设施、消防队、警察局、文化娱乐活动设施、公共交通网和公共开放空间,是一个集生活、工作、休闲为一体的多功能产业新城[①],如图7-1所示。

→生产	生产性服务	基本生产性配套	高端配套	弹性物业	
	·行政中心 ·研发、物流培训等	·写字楼 ·酒店 ·会议中心	·商务会所 ·企业家俱乐部	·商务公寓 ·SOHO	
→生活	居住	日常消费	教育、医疗	休闲娱乐	文化设施
	·倒班公寓 ·专家公寓 ·高端居住区	·餐馆 ·超市 ·银行 ·理发店	·基础医疗、药店 ·幼儿园 ·小学	·会所 ·运动设施(篮球、乒乓球等)	·图书馆 ·剧院 ·文艺活动设施

图7-1 城市功能分布示意图

随着经济的不断发展,大城市经济和人口急剧增长,市区人口和产业的集聚不断加强,城市环境恶化、城市热岛等生态问题凸显。用生态学和可持续发展的理论和方法来指导产业新城的建设和发展,在新城建设中正确处理人和自然的关系,能够实现人与自然的和谐相处和城市的可持续发展。在新城的建设中,有意识地关注地域本身的自然条件,打造绿色生态的城市空间;保证新城的建设和发展与当地的资源环境承载力相匹配,制定科学的规划,有效地配置和使用可再生资源和不可再生资源,同步提高利用资源的技术和能力;同时,充分吸取老城区的经验和教训,形成系统的低碳经济发展框架,进行低碳新城建设。通过低碳技术的开发与创新、产业结构的调整、

---

① 《国内外新城开发模式研究》,http://www.docin.com,2016。

消费方式的转变等途径来发展新城的低碳经济，探索出符合自身特征的新城低碳发展之路①。

以嘉善产业新城为例，嘉善产业新城拥有 30 万平方米景观绿化、8 条河道整治以及 114 亩云湖公园一期。以水为纽带，有机串联城市的产业、居住、旅游和商业区域，不断完善城市的公共服务和生活配套功能，打造宜居社区、有效导入人口，形成城市可持续发展的动力。再如广阳产业新城，整合灌溉水渠，设计成为数条放射型的城市绿廊，形成生态网络空间，利用新城北、西、南侧的城市绿环，设计成为怀抱广阳产业新城的绿色港湾。

（三）创造品牌文化、旅游展示等其他城市附加值

在满足居民基本生活要求之外，产业新城还可以通过企业品牌、文化植入产品设计，建筑景观来凸显企业个性。重视"工业旅游"的开发，在核心产业之外，为新城创收。

一是品牌、文化植入。将产业新城的品质设计与企业文化相融合，建筑景观能够凸显企业个性，同时体现人文关怀。在彰显企业文化这一功能上，海尔工业园是一个典型案例。海尔文化广场是韩美林大师的作品，五龙塔体现了海尔集团恢弘磅礴的气势，棋盘石景观表达了下棋找高手的理念；海尔总部大楼外方内圆的设计寓意原则是方正的不能改变，而规则在执行上只要不突破原则，则是灵活圆满的。园区内还有包括小康家居展厅、海尔科技馆等建筑在内的景观，都是"海尔精神"的集中反映。

二是旅游展示功能。产业新城能够利用内部的文化环境、自然条件、发展脉络等场所特征，提升服务和环境品质，将文化建设与生态建设相结合，重视"工业旅游"的开放，将重组的特色文化空间与生态网络空间进行融合，形成基地的特色空间骨架，实现文化和生态本底的挖掘与提升，满足人在生活中提出的休闲空间、文化空间等方面的需求，同时成为产业新城宣传营销的重要手段。例如广阳产业新城将弃置的油气管线、灌溉水渠、城市绿

---

① 肖琳子、童中贤：《城市化加速时期的新城发展研究》，《中国名城》2012 年 10 月 5 日。

环相结合，在规划中将代表性的油气管线，设计成为具有工业遗址特征的特色文化空间。再如苏州工业园，依托金鸡湖、阳澄湖两大湖区，结合工业旅游和丰富的休闲娱乐配套，现已发展成苏州七大旅游板块之一。在2016年，苏州市工业旅游区（点）接待游客达1000多万人次，创造旅游总收入200多亿元，为推动苏州全市旅游产业融合发展，促进经济转型升级提供了强大动力。

三 "共赢"的提速增效驱动器

产业新城的建设，多采用PPP市场化运营模式进行。该模式下，政府与企业建立起"伙伴关系、利益共享、风险分担、长期合作"的共同体关系，在基础设施、公共服务等领域长期合作，互利共赢。与传统建设模式相比，PPP市场化运作机制的优点主要体现在提高经济效率、提高政府和社会资本的财务稳健性、改善基础设施/公共服务的品质等方面。

（一）提高产业新城建设的经济效率

PPP项目依靠利益共享、风险分担的伙伴关系，可以有效降低项目的整体成本。在政府独立开展项目时，项目的整体成本包括项目建设成本、运营成本、维修和翻新成本、管理成本等。在PPP模式下，项目建设成本、运营成本、维修和翻新成本以及社会资本的融资成本统称为PPP合同约定成本。一方面，由于社会资本在建设施工、技术、运营管理等方面的相对优势得以充分发挥，PPP合同约定成本会小于政府独立开展项目时的相应成本；另一方面，由于PPP项目需要协调更多参与方的利益，项目管理成本（包括政府对项目监管、为项目提供准备工作和支持等产生的成本）会略高于政府独立开展项目的成本。综合计算各项成本的变化以及风险状况，PPP模式能够实现更高经济效率，具有明显优势[1]。

---

[1] 许伟明、潘鹏：《中国PPP模式战略升级》，《中国房地产》2017年2月15日。

（二）提高政府部门和社会资本的财务稳健性

对于政府部门而言，由于政府将部分项目责任和风险转移给了社会资本，项目超预算、延期或在运营中遇到各种困难而导致的财政风险被有效隔离。同时，由于PPP模式下的项目融资在整个项目合同期间是有保障的，且不受周期性的政府预算调整的影响，这种确定性可以提高整个项目生命周期投资计划的确定性和效率，提高政府的财务稳健性。

长远看来，PPP模式还有助于引导政府部门和社会资本进行长远规划。由于项目的收益涉及整个生命周期，在利益驱动下，各方主体都会基于更长远的考虑，选择最合适的技术，实现设施长期价值的最大化和成本的最小化，有效地避免了在过去传统的政府直接开发模式下，受限于短期的财政压力、政策导向和预算限制等弊端。尤其是社会资本方，PPP模式为其提供了风险较低、现金流通稳定、由政府合同背书的投资机会，具有长期利好。

（三）提高基础设施和公共服务的品质

一方面，参与PPP项目的社会资本通常在相关领域积累了丰富经验和技术，社会资本在特定的绩效考核机制下有能力提高服务质量；另一方面，PPP模式下，社会资本的收入和项目质量挂钩。政府按照运营绩效付费，这就使社会资本有足够的动力不断提高服务质量。如果设施或服务由政府单独提供，由于其缺乏相关的项目经验、在服务提供和监督过程中既当"运动员"又当"裁判员"，绩效监控难以落到实处。在传统政府直接开发模式下，地方政府通常为某项重大工程临时组织指挥部之类的专门工作团队，负责组织项目设计与建设，建设完成后移交给政府下属事业单位或国有企业日常运营。由于工作团队缺乏相关项目运作经验，所以难以保证项目建设质量，无力控制项目建设成本，甚至会因经验不足导致项目失败。并且，工作团队付出大量精力积累的经验和教训，在当地可能再无用武之地，因为当地不会经常有同类重大项目需要新建，资源浪费与效率较低问题突出①。

华夏幸福与地方政府合作的"河北固安工业园区新型城镇化项目"是PPP模式的典型成功案例，截至目前，项目运行16年，固安县财政收入增长近百倍。基于"政府主导、企业运作、合作共赢"的核心原则，充分尊重政府在合作过程中的主导地位，并发挥市场化效应，华夏幸福把"伙伴关系、长期合作、利益共享、风险分担"等公私合作理念融入产业新城的建设运营之中。固安县政府与华夏幸福签订经营协议，设立项目公司，华夏幸福向项目公司投入注册资本金与项目开发资金。项目公司作为投资及开发主体，负责固安工业园区的设计、投资、建设、运营、维护一体化市场运作，着力打造区域品牌；固安工业园区管委会履行政府职能，负责决策重大事项、制定规范标准、提供政策支持以及基础设施和公共服务价格和质量的监管等，以保证公共利益最大化。按PPP合约，华夏幸福的利润回报以固安工业园区增量财政收入为基础，若财政收入不增加，则企业无利润回报，县政府不产生财政风险。华夏幸福通过市场化融资，以运营绩效获取合理回报，同时承担运营风险。

---

① 《PPP模式的优点和缺点》，微口网，http：//www.vccoo.com，2016。

第八章
发现：产业新城的多维价值

近年来，在我国经济转型升级、产业结构不断优化调整的背景下，城乡经济社会一体化新格局逐步形成，产业新城得以稳步快速发展，成为推进新型城镇化建设、承接产业结构优化、促进产业与城市建设融合发展的重要空间集聚形式，在推动我国经济发展中发挥着日益重要的作用。在此过程中，带有鲜明产业集聚、产城互动、城乡融合等发展特征的产业新城扮演着多元价值角色，同时成为多个行业转型中布局的重要产品方向。

一 产业新城的规划理念

（一）战略规划、概念规划和产业规划合力打造产业新城

产业新城的开发过程就是一个发现价值、创造价值、兑现价值的过程。产业新城的综合解决方案，是通过战略规划、概念规划以及产业规划的"三规"，贯穿产业新城前后发展的生命周期，战略规划综合解决城市发展方向、发展战略、发展路径问题；概念规划解决城市规划理念、城市风貌和空间形象设计问题；产业规划解决产业定位、产业发展方向问题。产业新城通过对"三规"的统筹，做到三位一体，寻求区域综合发展的最新模式和最佳路径，就区域发展思路和规划与当地政府达成一致，并寻求产业新城科学发展的最佳方式参见图8-1。

（二）产业新城以人为本，定制城市功能，共享城市发展成果

有效认知产业发展分化、融合、演进的规律和阶段，是产业新城运营商

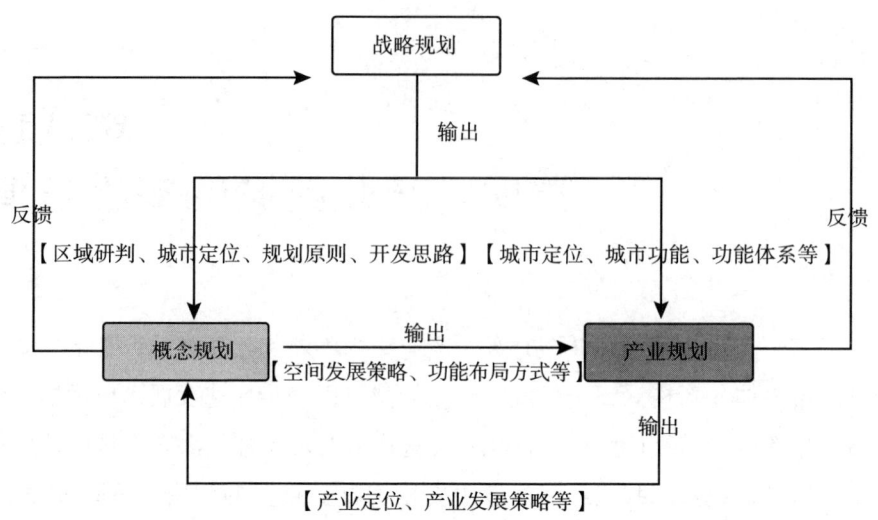

图8-1 战略规划、概念规划与产业规划三位一体

制定战略目标、项目规划定位及项目招商运营策略的必备条件之一。产业新城运营商研究产业发展规律，不得不对产业发展的核心要素——"人的行为"进行研究以明晰战略发展方向和商业模式、盈利模式，以引导行业资源，从而具备整合商业资源的能力，以人为本创造条件吸引企业入驻发展，也促进区域经济的长远发展。

以华夏幸福为例，"以人为本"以产品属性和人性化需求为出发点，打造幸福城市载体，是华夏幸福产业新城的城市发展原则。作为在行业内深耕近20年的资深产业新城运营商，华夏幸福逐步摸索出一条独特的产业发展服务模式，拥有4600人的产业发展团队，在项目签约、落地、生产等各个环节，入园企业均能享受到一站式服务。

固安产业新城作为华夏幸福产业新城民生保障模式的率先实践者，在积极探索并实践原住民的长效保障机制、创新原住民收入和社会保障机制等方面取得明显成效。通过产业发展创造多元就业岗位，加强教育培训提升原住民职业技能，同步推进基础保障体系与服务体系，使原住民增强归属感、提升幸福感、凸显优越感，真正融入产业新城，充分共享城市发展的成果，促进产业与项目的孵化与发展。

第八章 发现：产业新城的多维价值

二 产业新城的特征

（一）政企携手打造产业新城

产业新城的优势不仅体现在在资源整合不局限于企业内部和企业间要素的利用，还体现在充分借助政府优势以及社会上的资金、人才、科技优势，实现强强联合，确保项目的成功开发与运营。以固安产业新城为例，作为项目运营商的华夏幸福，和固安地方政府达成PPP合作模式，以市场化为导向，以"政府主导、企业运作、合作共赢"为原则，把"伙伴关系、长期合作、利益共享、风险分担"等公私合作理念融入产业新城的建设运营之中。双方都坚持将"产业高度聚集、城市功能完善、生态环境优美"作为共同发展目标，各司其职、通力合作，实现了"1+1>2"的效果。

合作期内，地方政府是产业新城项目规划的审批者、产业项目的决策者和服务质量的监督者。政府拥有规划、土地等主导权，负责审批委托开发区域内的发展规划、基础设施和公共设施开发建设规划，对引进产业项目、打造产业集群拥有决策权，并通过构建全方位的监管体系，对基础设施及公共服务价格、质量、效率等实施监管，保障公众利益最大化。政府通过设立管理委员会，与华夏幸福针对相关事务进行对接。

而华夏幸福的角色是产业新城项目规划、设计、建设、运营服务的直接提供者，在合作区域成立项目公司，采用多样化的融资渠道，开展产业新城设计、规划和建设，并提供产业发展、城市运营等全方位服务。待到合作期满，华夏幸福项目公司将区域内的各类基础设施和公共设施的管理权、收益权等移交政府。

如此一来，产业新城项目的开发运营与当地的城市发展形成双向互动和良性循环。比如固安产业新城，一方面，固安充分利用当地位于京津周边的独特区位优势和市场资源，提出政府与社会资本合作开发的创新模式，形成独具特色的产业新城发展道路；另一方面，产业新城作为工业发展的载体，对县域经济具有辐射作用，能够充分利用当地的人才、科技和资金，使得产业布局更为合理，同时形成集聚效应降低成本，推进集群发展和工业化，进而促进产业结构的优化升级。

（二）提供综合系统的第三方平台服务

不同于以往工业园区建设一味追求修路、造厂房，从固安产业新城PPP项目开始，华夏幸福就积极打造并引入第三方专业化的平台运营公司，担纲产业服务的投资人角色，提供从规划、咨询到辅助融资、审批在内的全产业链资源整合服务。在原有政企合作效应"1+1>2"的基础上，升级发挥"1+1+1>3"的服务效益，在设计、建设、财务、法律等具体事务上发挥优势、减少风险。华夏幸福的固安高新区综合开发PPP项目中，采用的"设计-建设-融资-运营-移交"模式，项目服务内容包括规划设计服务、土地整理服务、基础设施建设和公共设施建设服务、产业发展服务和城市运营服务。截至2017年底，固安产业新城入驻企业已经达到600多家，引进落地投资额1400多亿元。

（三）构筑具备国际视野的产业体系

在当今全球化背景之下，积极融入世界经济体系，对接全球科技进步所带来的增长红利，对国家和企业而言都至关重要。固安产业新城注重以国际化视野围绕国家产业战略导向，结合本地产业基础与发展优势，构建以全球技术商业化为核心的"1332"产业体系，即一个核心（全球技术商业化中心，GTC），三大制造业支柱产业（电子信息、装备制造及生物医药），三大服务业支柱产业（总部商务、电商物流、数字创意），两大都市型辅助产业（都市医养、都市文旅），以现代产业体系建设促进供给侧结构性改革，推动固安经济结构调整和产业升级。截至2016年6月底，华夏幸福已为固安产业新城累计引入企业537家，包括德益阳光生物技术等生物医药类科技研发机构与企业，以航天科技集团、航天科工集团为核心的航天企业，以京东方为主导的新一代信息技术企业，以京东为主导的电子商务企业。

（四）打造创新驱动下的科技内核

固安产业新城位于北京天安门正南 50 公里，地处北京周边核心位置，凭借着得天独厚的区位优势，结合清华、北大、中关村的人才技术优势，固安打造京南创新中心，向着"全球技术商业化中心（GTC）"的目标迈进。固安产业新城创造性地构建了以"技术链、产业链、资本链、服务链"为核心的立体孵化服务体系，以"创新孵化＋资本干预"的生态打造理念，为初创企业和新兴产业成长助力。随着中国首个国家博士后成果转化基地落户，未来固安将着力构建技术、人才、资本相融合的创新体系，打造从技术研发到成果转化再到创业孵化的创新链条，形成凝聚高端创新人才和创新资源的全球创新增长极。

（五）实现城市营造与民生建设平衡发展

立足于人的生存需求打造适应地区发展现实、具有活力的产城环境，是区域可持续发展的根本。产业新城作为一种综合开发模式，将产业集中于具有完善的城市配套设施和优美生态环境的新型产业基地，克服了传统工业园单一开发的缺点。固安将高品质产业园区、商业、酒店、学校、医院、展馆、服务业作为项目的核心业态，同时又与住宅公寓、别墅和公用住宅积极配合，建设了功能集聚、层次健全、服务齐备、品质高尚的城市核心，促进现代服务业高端发展，引领县域经济转型升级。加之一系列惠及当地民生的教育、医疗、娱乐、休闲等项目的落实，优质的公共服务资源不仅给当地居民带来生活、工作等多方面的便利，而且满足了各类企业对园区功能的需求，带动了当地民生的快速投入与增长，为城市未来的发展打下了坚实的社会基础。此外，产业新城的开发模式克服了传统开发高耗能、高污染的弊端，以低碳环保的方式促进可持续发展。

三 产业新城的价值

产业新城是以产业发展与城市发展双轮驱动的投资运营开发区，产业是城市发展的基础，城市是产业发展的载体，城市和产业共生、共利。产业新城的价值可以从多个层面来体现，产业新城为解决中国工业化进程中的产业升级方向和县域产业（经济）相对薄弱的矛盾，提供了有益的思路和实践路径。

（一）国家层面：助力新型城镇化建设

企业经营的出发点能够跟随国家、社会需求而动，从某种程度上就占据了发展的先机和主动权，在这一点上，华夏幸福在产业新城业务上的尝试探索和战略布局升级与国家战略紧密契合，其依托京津冀协同发展、长江经济带、粤港澳大湾区等国家战略，推动区域经济发展和国家战略的对接，推动区域拓展及产业新城模式的国际化、跨越式发展。

尤其是在国家和各地政府一直积极推行城镇化建设的背景下，我国的城镇化建设工作取得了非常大的进展，城镇化水平也在不断提高。然而，我国的城镇化率仍然不高。根据国家统计局公布的数据，2016年中国城镇化率为58.52%，远低于美国、韩国等城镇化率较高的国家。城镇化不仅是"人口的城镇化"，还包括产业、土地、社会的城镇化。而产业新城在促进区域协调发展、推动新型工业化和新型城镇化融合发展等方面发挥了重要作用，已经成为稳增长、调结构的重要引擎。未来，随着我国产业新城发展模式在国内的渗透率越来越高，我国城镇化发展的效率将得到大大提高。

（二）区域层面：为县域发展注入新动能

当前，尽管我国城市化进程明显提速，但大城市周边的中小城市特别是县域，还存在经济基础薄弱、产城相互割裂、创新驱动能力不足等问题，一方面，县域财力和辐射力有限，仅凭自身难以形成较大产业集群；另一方面，推进产业升级或是培育壮大新的产业，县域也缺乏足够的资金、产业、机制、人才等要素支撑，在发展上往往受到诸多制约。党的十九大提出以城市群为主体构建大中小城市和小城镇协调发展的城镇格局，尤需弥补县域因资源匮乏带来的发展短板。

而以"产城融合"为特征、以产业发展为核心的产业新城模式,有望补齐县域资源匮乏带来的发展短板,充分调动社会资本参与城镇综合开发,为县域经济发展注入新动能,并成为促进所在都市圈高质量发展的新引擎[1]。

(三)城市层面:实现产城融合发展

在城镇化和工业化高速发展的今天,产业新城正在取代传统园区成为承载城市生产与生活、生产与消费的综合空间,生产力的创造方式也将因为跨行业融合而变得更为多元,从而带动了整个城市的新型发展。其对于城市建设、发展的积极影响具体体现在,有利于实现城市土地集约化,扩大产业空间加速产业集聚;有利于增加就业人口,规避盲目城市化带来的空城现象;有利于构建城市产业生态体系,增强产业自我更新能力;有利于城镇化有序推进,促进城市一体化建设。如华夏幸福打造的产业新城,展现出来的资源配置方式和生产与消费要素相组合的理念,已经超越单纯意义上的城市或者园区,这是园区嬗变的必然趋势,也是城市嬗变的合理规律。

因此,产业新城的建设就尤其需要注意均衡发展,即在城市发展和环境、居住的舒适度等方面保持良好的平衡关系。打造一座产业新城,需要具备产业生产功能、商业休闲功能、办公酒店功能以及居住功能,只有立足于园区内群体服务需求,完善城市功能服务,实现园区向城区的提升,多元化的产业结构才能在城市的市场经济中更加稳定。具体来说,产业新城需要满足产业生产功能,为企业配备生产厂房、提供优质的服务、创造良好的企业生产环境,吸引高附加值品牌型企业入驻;需要满足办公酒店功能,打造完善的办公酒店集群,满足区内企业的办公需求;需要满足商业休闲功能配套商业、行政公建及休闲娱乐设施,同时满足生活居住功能,如配备员工宿舍、商品住宅,提供多层次的园区生活居住社区,等等。

---

[1] 吴凯:《县域新型城镇化经营专题研究》,学术论文联合比对库,2015年3月13日。

（四）产业层面：助力传统产业转型

产业新城是以"产业优先"作为核心策略，从产业研究规划、产业集群集聚、产业载体建设到产业服务运营，为所在区域提供产业升级、经济发展的综合解决方案。华夏幸福积极实践"全球技术、华夏加速、中国创造"的价值链整合模式，全面对接发达国家创新资源，将国内产业链与全球价值链高效对接。目前华夏幸福在美国硅谷、以色列特拉维夫、德国柏林、中国北京等全球创新高地设立了70余个孵化器，为产业新城提供了源源不断的创新成果。以固安产业新城为例，固安县政府和华夏幸福双方通力合作，使固安这个曾经的农业大县转变为现代化工业强县。2017年，产业新城对固安的财政贡献率达到68%，初步形成新型显示、航空航天、生物医药三大千亿元级产业集群。

四 产业新城的创新

产业新城的最大创新在于突破传统的单体PPP模式，提供城镇综合开发整体解决方案。

从传统的PPP模式行业分布来看，签约项目主要集中在市政设施、公共服务、交通设施等单体项目领域。产业新城模式中所涉及的PPP模式主要是进行整体开发运营，与地方政府间的合作突破传统观念和管理体制的束缚，实施"政府指导、企业运作、合作共赢"的经营体制。这种运行机制，大幅度减少了政府对资源的直接配置和对资源要素的价格干预，使政府从微观事务中解脱出来，专注于政府服务性职能的发挥，有利于优化公共资源配置，获得更大的社会效益。产业新城PPP模式的创新之处体现在以下三个方面。

第一，产城融合，理念升级。城镇化与产业化要有对应的匹配度，不能一快一慢，脱节分离。在产业新城的建设运营过程中，就以实现产城融合为主要目标。产业新城具有鲜明的新型城镇化路径探索的特色，在产业新城的协作开发和建设运营过程中，"以产兴城、以城促产、产城融合"的理念贯彻始终，避免了"空城""鬼城""睡城"等现象的出现。在新的形势之下，PPP模式将继续推动新型城镇化的发展进程，成为助力区域经济建设和城市发展的重要依托。

第二，服务全面、整体性强。在实现产城融合的过程中，产业新城在培育产业集群的过程中，同步建设运营居住、商业、教育、医疗、休闲等城市配套，一座产业新城，应该是一个完整的公共产品，从规划设计到设施建设，从产业服务到城市运营，提供的服务应该是全面完整的。

第三，机制创新，合作共赢。在实践过程中，产业新城应该遵循区域的城市开发规划和产业政策，为城市提供整体规划、城市基础设施建设、产业发展服务以及城市综合配套服务；根据城市产业政策，吸引产业链上下游企业在区域内部投资建设，通过产业的升级改造提升区域产业竞争力；同时，通过提供基础设施建设、城市配套功能服务等提升城市基本形象。为产业新城所在区域提供包括产业升级、经济发展、人民生活、企业拓展等多方位的综合解决方案，旨在使所在区域实现经济发展、城市发展和民生保障三大目标。

国内案例篇

第九章
国内典型案例介绍与模式评价

"产业新城"发展理念从国外传入国内后，经过消化、吸收和改良，在全国多个地方推广开来。当前我国各地对推进产业新城建设有迫切的现实需求，因为20世纪八九十年代建起来的各类工业园区目前正处于产业和功能"双重"转型升级的阶段，如果单纯强调某一方面的转型升级都很难应对现在或即将到来的城镇化问题。从国内实践看，北京、上海等特大城市进入21世纪后纷纷探索建设产业新城，如北京亦庄新城、上海张江科技园。对于全国的市级或县级单位而言，发挥产业新城引领作用，把产业园区转型升级与当地产业结构调整升级结合起来，不失为一次良好的时机。同时，在产业新城建设过程中，既有中外合作的苏州工业园区，又有以政府主导开发的北京亦庄、郑东新区等产业新城，也有引入社会资本开发建设的产业新城，如固安工业园区等，这些产业新城对本地产业转型升级和促进产业与人口合理集聚起到了引领示范的作用。同时，这些实践是在中国特殊的国情和体制背景下进行的，对其发展经验进行总结，有利于其他地区借鉴学习。

第九章　国内典型案例介绍与模式评价

一　案例一：苏州工业园区

（一）基本概况

苏州工业园区是中国和新加坡两国政府间的合作项目，于1994年正式启动建设。园区紧靠苏州古城，距上海1小时车程，行政区划面积288平方公里。2010年，中新合作区面积80平方公里，下辖3个镇，户籍人口32.7万人（常住人口72.3万人）。多年来，在中新合作双方的共同努力下，园区开发建设一直保持着持续快速健康发展的态势，主要经济指标年均增幅达30%，累计上缴各类税收近700亿元，创造就业岗位48万个，城镇职工和农民人均纯收入分别超过3.3万元和1.3万元，率先达到江苏省高水平小康考核指标，综合发展指数在国家级开发区名列前茅，并被评为跨国公司眼中综合吸引力最强的中国开发区之一。苏州工业园区吸收了国内外开发区的成功经验，又有自身的显著特点：第一，它是中国和新加坡两国政府签署协议兴办的国际合作项目；第二，园区的行政管理由中方全权负责，成片开发由中新合资的开发公司负责，对外招商引资由中新共同负责；第三，国务院同意在苏州工业园区自主地、有选择地借鉴新加坡经济发展和公共管理方面的经验。[①]

（二）实践探索

• 城市规划与城市建设

苏州工业园区建设之初，就被定位为高科技工业园区和现代化、国际化、信息化的创新型、生态型新城区，规划建设国际科技园、中央商务区、出口加工区、独墅湖高教区、新兴产业园、出口加工区、现代物流园、中心

---

① 苏州工业园区－开发园区－常用信息－香港瑞丰注册公司，http://www.mgqz.cn/i，2011。

科技生态城、阳澄湖休闲度假区等功能完善的分区，既突出不同的功能分区在园区发展中承担的作用，又考虑到各功能区之间的内在联系。同时，苏州工业园区的配套发展先于产业和住宅发展，邻里中心首先担负园区配套功能的职责；园区CBD的规划建设使园区配套功能更加完善。园区住宅建设，突出"以人为本"的设计思想，充分考虑人与环境的关系，突出强调基础设施与生活配套同步建设，营造出"富有独特魅力"的生活居住环境，参见表9-1。

表9-1 苏州工业园区主要配套项目

相关领域	具体内容
商业配套	由独立公司运营园区7个邻里中心，构筑完善的配套体系
交通配套	注重完善立体道路交通设施及公共交通规划，构建立体交通网络系统
景观建设	高品质建筑、大量现代艺术雕塑与自然山水相映成趣，发展成为一个充满现代感和文化意蕴的新城
工业旅游	依托两大湖区和丰富的休闲娱乐配套建设全国工业旅游示范点

● 中外合作的管理模式

苏州工业园区将新加坡的成功经验和中国国情及园区实际结合起来，积极探索建立适应社会主义市场经济的管理体制和运行机制，使园区既能高效运作又能实现社会公平。为了推进苏州工业园区的顺利发展，中新双方建立了三个层面的领导和工作机构。

第一层面是中新两国政府联合协调理事会，负责协调苏州工业园区开发建设和借鉴新加坡经验工作中的重大问题。由两国副总理担任理事会共同主席。中国国家发改委、科技部、商务部、财政部、外交部、建设部、国土资源部、海关总署和新加坡政府有关部门及江苏省政府和苏州市政府的负责人为理事会成员。

第二层面是中新双边工作委员会，由苏州市市长和新加坡裕廊镇管理局主席共同主持。委员会由苏州市政府和园区管委会及新加坡有关部门和机构负责人组成。双方定期召开会议，就开发建设中的重要问题和借鉴新加坡的工作经验进行协商，向理事会双方主席报告工作。

第三层面是联络机构，由新加坡贸工部软件项目办公室和苏州工业园区借鉴新加坡经验办公室，负责日常联络工作。

- 政企分开的运行模式

苏州工业园区实行管理主体与开发主体分离。实际上中方完全负责工业园区内的行政管理和服务工作，管委会代表苏州市人民政府行使行政管理职能，中新苏州工业园区开发有限公司（CSSD）则是中外合资的企业法人，具体负责园区的基础设施建设、招商引资、物业管理等开发事项。苏州工业园区管委会和开发总公司之间的权力和职能划分是清晰和明确的，管委会不直接管理企业，实现了所有权和经营权的分离，政府的职能从原来的"管理型"向"服务型"转变。

苏州工业园区管委会主任由专职副市长兼任。园区在机构层级、审批授权、政策安排等方面的自由度较高，超过了普通国家级开发区。政府保证了苏州工业园区开发和建设中的政策待遇。园区享受经济技术开发区的全部政策，并享有部分特区的政策，如在园区可设立外资、中外合资的金融机构和商业零售企业。在项目审批方面，苏州工业园区远超过江苏省职能园区的权力，超过国家级经济技术开发区的3000万美元权限，保证了开发区招商、建设服务过程中的交易速度。

中新苏州工业园区开发有限公司（CSSD）是由中国苏州工业园区股份有限公司（中方财团）和新加坡苏州园区开发私人有限公司（新方财团）共同成立。经过两次股权调整，目前由中方以65%的持股比例控股，新方持股35%。中方财团由中粮、中远、中化、华能等14家国内大型企业集团出资组建；新方财团由新加坡政府控股公司、有实力的私人公司和一些著名的跨国公司联合组成。这种合作模式开创了我国园区开发与国外大型财团资本合作的先河。

- 高效统一的管理体系

苏州工业园区在转变政府职能和公共行政管理等方面进行了积极探索，确立了全新的"亲商、富商"理念，建立了"精简、统一、高效"的政府组织架构和公务员队伍，为企业提供"全过程、全方位、全天候"的服务，形成了科学规范的管理秩序和法治化环境。

苏州工业园实行"一站式"办公、"一条龙"服务和"一支笔"审批，凡是手续齐全的外商投资企业的投资审批可在 15 天内办完，内资企业的审批则可缩短到 7 天以内，这极大地提高了投资审批的效率。特别是苏州工业园的电子化审批，已经走在了全国同类开发区的前列。其园区 300 多平方千米的土地，地形、地貌、地面建筑物、地下管线等，在电脑里都有清晰而准确的表达，在审批中一目了然，不用亲临现场，就可以踏踏实实地完成规划审批工作，甚至"比到现场还准"[①]。

设立精简的园区管理机构。管委会是园区的管理主体，下设 15 个职能局（办），不要求区内机构同上级机构对口设置，区外行政机构一般不在园区设立分支机构，避免机构重叠和膨胀。园区机构设置体现"小政府、大社会"的思想。

- 科学规范的用人机制

园区管委会采用公开竞争、择优录取的征聘制，除筹建的部分人员外，进入园区的工作人员面向社会公开招聘，实行任人唯贤、能上能下的任用制；在日常工作中，为满足园区发展的需要，对工作人员进行不断跟进的培训；通过组织考核与评分排序法严格考核，末位淘汰。与此同时，还提供给工作人员相对较高的薪酬作为激励。此外，园区还借鉴新加坡廉政经验，建立廉政法规体系、高效率的反贪机构、高薪养廉和公务透明等做法，建立具有园区特色的防腐倡廉机制。

（三）项目特色

作为中新两国合作的项目，苏州工业园既吸收了国内外开发区的成功经验，又有自身模式的显著特点，从项目规划、项目行政管理、项目机制运作等方面具有可参考经验，总结如下。

---

① 宋平伟：《苏州工业园区政府管理创新研究》，苏州大学硕士论文，2008 年 4 月 1 日。

其一，整体规划、分步推进。在确定苏州工业园区的范围时，相关管理人员高瞻远瞩，不仅仅局限于规划的 80 平方千米，还把涉及多个区的 4 个乡镇一并纳入苏州工业区的管理版图，奠定了苏州工业园区的发展基础，当前 80 平方千米以外的很多区域发展势头迅猛，便是得益于这一做法。

其二，高位嫁接、集权领导。大型园区开发初期，工作繁杂需要统一领导，一是负责人必须高位嫁接；二是必须实现人财务集权领导，管委会、乡村事务、平台公司一体化运作。苏州工业园的建设初期，市委书记、市长兼任管委会主任，特殊阶段甚至兼任中新集团董事长，由此保证了项目起步时期的强力推进。

其三，市场引领，国际理念。园区一开始就应牢牢树立市场引领的意识，尤其是构架市场引领的体制机制，在起步时期用高薪留住人才，由于体制内的人员很难采用市场化工资，所以应探索在平台公司实现市场化，抬高门槛，全球招聘，吸引一些有国际理念的人才。同时，应大力实现资源组合、购买服务，与国际上一些产业运营、城市运营的顶级集团合作，在不违反政策的前提下，开展全方位合作，借势发展。

其四，亲商引商，打造团队。苏州工业园吸收了新加坡的亲商理念，多年来始终坚持培养强大的招商团队，为企业提供全方位的服务，根据企业不同阶段的需求提供个性化的服务，整体亲商的氛围很好地吸引了各类企业的入驻。

二 案例二：固安产业新城

（一）基本概况

固安产业新城由华夏幸福建设运营，项目所在地固安县位于北京天安门正南 50 公里。固安是距北京市区最近的县城，也是河北省实施"两环"战略（环京津、环渤海湾）的重点市县之一。固安产业新城由华夏幸福与固安县政府以 PPP 合作模式进行建设和运营，在发展过程中，固安县充分发挥自身优势，大力实施"开放兴县"战略，确立了"京南卫星城"的发展定位和"工业立县、项目壮县、园区强县、环境兴县"的发展策略，华夏幸福作为专业的产业新城运营商，参与园区基础设施建设和运营管理。

双方以市场化为导向，以"政府主导、企业运作、合作共赢"为原则，在理念引领、企业运作、产业主导和城市发展等四个方面通力合作，实现了"1+1>2"的效果。固安产业新城的建设，推动了当地产业转型升级、县域经济跨越发展，同时统筹推进文化、教育、卫生等各项社会事业，不断提高人民生活水平和质量，确保百姓"学有所教、劳有所得、病有所医、老有所养、住有所居、弱有所扶"，共享发展成果，走出了一条产业发展与城镇发展双轮驱动的实践之路。

（二）实践探索

2002年，固安县政府与华夏幸福采用政府和社会资本合作的PPP运作模式，共同打造固安产业新城。16年的坚持，拉开了固安快速发展的序幕：2002年，固安全县年财政收入仅1.1亿元、发展水平位列廊坊市10个县（市、区）中的后两名。2016年固安全县财政收入升至80.9亿元，同比增长44.6%；完成GDP产值206.3亿元，其中工业园区占比80%。2016年，固安县跻身中国社会科学院"全国县域经济竞争力百强县（市）"，并荣登"投资潜力百强县（市）"榜首。现如今，固安产业新城历经16年发展已全面崛起，并成为当前国内PPP模式中最具实践意义和示范效应的典型样本。

● 高端产业集群集聚

以"推动产业升级、促进产业聚集"为目的，固安产业新城谋求在原有的产业链上，向上游纵深及向其他领域延伸，使各类产业彼此互动。固安产业新城创造性地提出并打造"313"创新型产业格局，即强化新型显示、航天航空、生物医药三大主导产业；培育智能网联汽车这一先导产业；提速包括临空服务、文体康养和都市农业在内的三大特色产业。当前，新型显示、航空航天、生物制药以及智能网联汽车等产业集群，已经勾勒出固安产业新城创新型产业体系的面貌。

其中，作为全球顶尖技术的下一个热点，新型显示产业主要分布在云谷基地、京东方产业基地、新材料产业园。固安产业新城集聚了云谷、京东方、鼎材、翌光等6家企业，随着京东方、云谷项目陆续投产，龙头企业的带动效应将逐步显现，固安产业新城OLED产业链条也将日趋完善；在航空航天领域，航天产业园已吸引了包括中国航天科技集团公司和中国航天科工集团公司相关的30多家单位、4个国家级实验室及1个工程研究中心入驻，成为国家级航天技术产业研发与试制的重要承载基地；在生物制药领域，产业集群主要布局在肽谷生物医药产业园，目前已集聚包括医疗器械、生物医药研发、诊断试剂、第三方检验机构等细分领域的53家企业，多数企业处于研发、孵化阶段；此外，智能网联汽车也已扎根固安产业新城，主要布局在固安工业园南区，目前该区主要集聚汽车零部件企业，包括佛吉亚（世界500强）、正兴集团等在内的企业25家，其中15家企业已投产。

截至2017年6月底，华夏幸福已为固安产业新城累计引入企业超580家，实现项目签约投资额近1400亿元。

• GTC创新产业路径

依托"产业高度聚集、城市功能完善、生态环境优美"为主线的规划，固安产业新城以适度超前的城市建设，为产业升级提供有效载体；以高层次招商加速产业升级转型，为城市发展提供持续动力。这就打破了传统的"单一的生产型园区经济"，实现了"多点支撑的城市型经济"的升级。

作为北京乃至河北省科技成果转化试验区，固安产业新城的"桥头堡"位置毋庸置疑。在产城融合发展的总体格局下，固安产业新城以国际化的视野，在京津冀协同发展和创新驱动背景下，依托G45自主创新发展示范区，创新性地提出了全球技术商业化中心（GTC）模式：从技术引进同步自主研发，到孵化加速，中试生产，最终实现规模化生产，产业化发展。以"中国新硅谷"为发展目标，固安产业新城积极实践"全球技术、华夏加速、中国创造"的价值链整合路径，成为国际先进科技成果转化的核心枢纽。

固安产业新城依托全球孵化器，对接顶级研发机构，引进科研力量与技术成果。在美国硅谷，固安产业新城设立了产业升级、科技孵化、留学人才创业"三大示范基地"，为全球高端创新要素聚集提供了坚实的技术池、人才池，预计未来将有大批全球领先的科技成果在园区交易与转化。在国内，固安产业新城则引进清华大学、北京大学、中关村、航天科技集团、航天科工集团等一批科技创新"国家队"，建成2个省级孵化器、5家科研机构、1个院士专家服务中心和1个博士后创新实践基地，建立了自主研发体系和创新网络。此外，固安产业新城还与清华大学达成战略联盟，引入清华中试孵化港、新材料产业园，完成了布局"研发、孵化、中试、产业化"的全产业链。毫无疑问，在通向全球技术商业化中心（GTC）的目标途中，固安产业新城已实现以投资干预为手段、以产业孵化器为纽带，从前期孵化、到中期加速、再到后期产业化的全产业链发展模式，创造性地走出了产业培育的创新路径。

- 城市更新打造生态底板

"以人为本"是华夏幸福产业新城的重要基因，将产业新城的生产、生活、生态完美融合到城市的空间规划中，是华夏幸福一直以来的追求。

早在规划建设之初，固安产业新城的规划就将人与自然和社会的关系纳入思考范围。在此基础上，华夏幸福还进行了全方位生态城市的构建，大力发展绿色环保产业、推行低碳生活，兼顾现代科技产业与自然生态的保护，开拓了全新的发展方式。在高标准设计、高质量建设、高水平运营的督导下，固安产业新城已经成为大北京范围内智慧生态、宜居宜业的产业新城。截至2016年底，华夏幸福为固安累计投资360亿元，在规划范围内实现了"十通一平"：完成修建道路170条全长193.39公里，完成6座供水厂、4座热源厂、1座污水处理厂、22座换热站、2座110KV变电站、3座35KV变电站等相关配套设施建设，并完成114公里排水、供水、供热以及污水管网等相关配套设施建设。

固安产业新城集全球城市经验之大成，目前已经呈现运动公园、人行道慢跑系统等前瞻性设计，在产业新城域内的任何道路，两侧同步布局慢跑系统,大湖公园、中央公园橡胶跑道更是成为标准配置;位于固安工业园区北侧、106国道西侧的中国(固安)单车运动中心,更是目前亚洲唯一一座具有国际标准比赛规格的自行车运动场地……为实现生态环境的持续提升,华夏幸福已在固安产业新城建设完成14万平方米的中央公园、200万平方米的城市环线绿廊、13万平方米孔雀大湖、50万平方米大广带状公园、100万平方米中国(固安)单车运动中心等八大公园,形成"一核一环两廊多片"的城市景观体系,园区绿化面积约540万平方米,助力"产城融合"可持续发展。

为满足区域内居民生活所需,华夏幸福为固安产业新城打造了集购物、餐饮、休闲、娱乐、文化为一体的商业体系——幸福港湾,目前已经集结了万达影院、H+精品超市、阿迪达斯、漫咖啡等众多国内外知名商业品牌。通过不断提升项目经营品质和品牌级次,逐步提升区域价值,幸福港湾已成为固安产业新城商业活力的聚集地,人们足不出固安产业新城,即能享受世界流行的产品和服务。

此外,在教育配套方面,固安产业新城通过北京八中固安分校、幸福学校、幸福幼儿园、职业教育学院等多所中小学及职业学校的合理布局,全面覆盖九年义务教育、高中教育与职业教育,构建全龄教育体系,提升本地教育质量,并实现与北京的均质同步;在医疗配套方面,固安产业新城引入高水准的医疗资源,通过幸福医院等综合三甲医院、综合门诊、社区医院、社区诊所构建多层次医疗体系,极大提升固安城市整体医疗服务水平,让每一个城市居民都能切身受益。

(三)项目特色

固安产业新城的一大特色是"政府主导、企业运作、合作共赢"的市场化运作方式,创新的模式推动固安产业新城实现了"产城融合"的良性循环,引领全县产业转型升级,有效地带动了当地劳动人口的就业,推动了地方经济快速、可持续地发展,成就了政府、企业、人民三赢的局面,开拓出一条以制度创新带动县域经济发展的特色之路。

2017年2月6日，我国首个关于各类开发区的总体指导文件——国务院办公厅发布的《关于促进开发区改革和创新发展的若干意见》提出"引导社会资本参与开发区建设，探索多元化的开发区运营模式"，鼓励以PPP模式开展开发区公共服务、基础设施类项目建设，鼓励社会资本在现有开发区中投资建设、运营特色产业园。这也意味着，通过16年的探索与坚持，固安产业新城PPP模式已经得到了国家的正式认可，其成功经验必将在全国范围内得到有效推广。

三 案例三：张江高科技园区

（一）基本概况

上海市张江高科技园区创建于1992年7月，由上海张江（集团）有限公司投资、开发、运营并提供服务，园区规划面积79.7平方公里，其中37.2平方公里于2015年4月经国务院批准纳入中国（上海）自由贸易试验区。于浦东大开发背景下诞生的张江高科技园区，在二十余年的发展中，通过企业运营与政府支持的双向作用，张江高科技园区基本构筑了生物医药创新链，集成电路产业链和软件产业链的框架，完成由工业主导园区向综合新城的转变。截至2017年，张江高科技园区共吸引入驻企业1万余家，其中高新技术企业685家，国家、市、区级研发机构403家，跨国公司地区总部50余家，高校和科研院所近20家，现有从业人员达32万，国家"千人计划"96人。张江高科技园区以科技为载体，以创新为驱动，依靠政治资源与组织优势，形成了主导产业优势突出、企业人才集聚明显的格局，实现了可持续、高质量、快速度的发展，成为行业内具有标杆示范作用的工业园区。

（二）实践探索

• 政府企业合作

政府扶持提供优惠政策。1992年，张江高科技园区成立，属我国首批国家级高科技园区,同年上海张江集团挂牌,开始对园区进行开发建设;1999年,上海市委、市政府颁布了"聚焦张江"的战略决策,举全市之力推进张江发展,自此张江步入了快速发展阶段;2010年,康桥工业园、国际医学园区划入张江;2012年,周浦繁荣工业园划入张江;2015年园区部分面积纳入中国(上海)自由贸易试验区。国家级高科技园区的身份为张江园区带来了丰厚的政治资源与政策优势,吸引了国家上海生物医药科技产业基地、国家信息产业基地、国家集成电路产业基地、国家半导体照明产业基地、国家863信息安全成果产业化(东部)基地、国家软件产业基地、国家软件出口基地、国家网游动漫产业发展基地等多个国家级基地;同时,上海市委、市政府对园区高度重视,出台了一系列扶持政策,包括《关于进一步发展上海张江高科技园区实施方案》《上海市促进张江高科技园区发展的若干规定》《"十一五"期间张江高科技园区财政扶持经济发展的办法》《"十二五"期间张江高科技园区财政扶持经济发展的办法》等多项优惠,在文化产业、创新人才激励、环境保护、科技中介、企业集中服务、知识产权奖励等多方面大力鼓励,为园区建设与发展提供了政策支持。

企业运作盘活园区发展。张江高科技园区采用公司建设、政府回租、授权经营的方式,"建设-拥有-运营"的BOO开发模式,在企业动作的不同环节中都起到了至关重要的作用。第一,资金融通。张江高科技园区资金来源主要包括四个渠道,即各级政府投资、资本市场筹集、社会资金利用和境外资金引入。值得一提的是,园区积极吸纳国外先进经验,引入以民间资本为主的风投公司与中外合资的风投基金,将风险投资与区内孵化器结合、把政府种子基金与境外风险投资捆绑,实现了资金来源多样、风投管理与国际接轨。第二,战略布局。张江高科技园区随经济社会发展同步调整园区发展战略与方向,抓住了不同时代的机遇,保障了园区的长久生命力。1992~2005年,张江与其他传统园区类似,仅依靠纯粹工业,重开发轻服务,整体缺少基本生活配套;2006~2013年,张江围绕"一体两翼"战略,以开发运营、服务集成和产业投资为三大主线,开始注重服务提供与园区运营,由工业主导园区向综合新城转变;2014年,张江开始以科技投行作为战略发展方向，推出要做科技地产商、产业投资商和创新服务商的"新三商"概念；2016年，园区迎来上海自由贸易试验区、国家自主创新示范区、全面创新改革试验区"双自联动、三区联动"的大好局面，成为科技创新、模式创新、转化创新的集聚高地，在科技新城的建设上加快速度；2017年，《张江科学城建设规划》出台，园区更加注重发挥以产带城、以产兴城的作用。政府与企业的共同合作，推动了张江高科技园区由工业主导园区向综合新城的转变，实现了园区的可持续发展。

● 高端产业主导

张江高科技园区强调引入高端产业与技术人才，主抓"医产业"与"E产业"两大集群，基本形成了以信息技术、生物医药、文化创意、低碳环保等为主导产业，第三产业占比达2/3以上的格局。在产业选取与发展中，张江高科技园区注重国际化、创新化、全链条化，在与国家级基地签约的基础上，发挥三大主导产业的带动与集聚作用。

第一，与国际接轨的信息技术产业。主要包括集成电路、软件与信息服务、光电子、消费电子终端等，其中集成电路产业形成了包括设计、制造、封装、测试、设备材料在内的完整产业链，产值约占全国的1/3；软件产业以计算机软件为核心，形成了横跨文化创意、应用软件、信息安全和金融信息服务等多领域的软件产业链，聚集了大批国内外知名软件企业、研发机构，包括宝信软件、美国花旗、印度INFOSYS、TATA等，囊括8家全球30强企业，11家中国100强企业。

第二，研产结合的生物医药产业。现代生物医药产业是园区重点发展产业，张江高科技园区于1995年与国家科技部等多部门签署共建"国家上海生物医药科技产业基地"合作协议后，成立上海张江医药基地开发有限公司，专门负责该产业的开发建设、招商投资与资源整合等工作。截至2018年4月，张江已形成了从新药研发、药物筛选、临床研究、中试放大、注册认证到量产上市在内的完备创新链。园区共有新药产品超过230种，新药证书超过50个，正在研发药物品种近300种，集聚7家全球排名前10的制药企业研发中心（如：罗氏、辉瑞、诺华），吸引相关科研机构和研发企业

400余家、40余家CRO（新药研发外包）公司。

第三，全国示范的文化创意产业。文化创意产业作为第三产业的重要组成部分，是园区新兴的重点产业。园区以数字出版、动漫影视、网络游戏以及创意设计领域为产业特色，集聚了盛大文学、炫动卡通、Blizzard Entertainment（暴雪娱乐）、Electronic Arts（美国艺电）、聚力传媒、沪江网、网易等300余家国内外优秀文化创意企业，经认定的文化创意、数字出版企业超250家，2008年张江文化产业园被国家新闻出版总署正式命名为全国第一家国家级数字出版基地，2011年被国家文化部正式命名为国家级文化产业示范园区。

第四，走在前列的新兴产业。园区随时代发展，开始培育一系列战略性新兴产业，重点发展智能电网、水处理、生物燃料、生物脱硫、节能环保设备研发及环保服务业务；同时注重新能源、新材料等产业的培育，在生物燃料、水处理、生物脱硫等细分领域形成了一定的产业基础，集聚了如凯能、林洋电子、理想能源和益科博等新能源企业[①]。

- 创新孵化驱动

张江高科技园区注重创新培育与企业孵化，其孵化器雏形始于1993年注册成立的张江高新技术生产力促进中心，在二十余年的发展历程中，孵化器运营模式几经变迁，从最初单一孵化主体的非营利模式发展为多元投资、多元孵化和事业单位并存的经营模式；2008年随着孵化器管理中心成立，园区基本确立由张江集团主导、整合园区各类孵化资源的全新模式；2014年，张江集团进一步扩宽孵化器功能，以张江科投为母体，整合旗下小额信贷、孵化器、创业培训等资源，建立投贷孵学平台。

在创新资源方面，张江园区现有国家、市、区级研发机构403家，拥有上海光源中心、上海超算中心、中国商飞研究院、药谷公共服务平台等一批重大科研平台，同时与上海科技大学、中科院高等研究院、中医药大学、复旦张江校区等近20家高校和科研院所建立合作关系，为园区企业发展提供

---

① 杨亚琴：《张江创新发展的思考——来自中国的案例》，《社会科学》2015年8月10日。

研究成果、技术支撑和人才输送。在创新人才方面，创新人才园区优惠政策不断更新，吸引了大批高素质、高学历人才。目前园区从业人员近35万人，其中大专以上学历达56%；拥有博士5500余人，硕士近4万人；有中央"千人计划"人才96人；上海市"千人计划"人才92人；上海市领军人才15人；留学归国人员和外籍人员约7600人。创新人才的不断加入驱动园区在多产业、多行业均走在全国前列。在投贷孵学方面，张江集团投贷孵学平台现管理资产规模超过47亿元，服务超过2000家企业客户；拥有覆盖张江园区主导产业的3个国家级孵化器，超过10万平方米的创业空间，配备符合产业定位的专业技术公共服务平台。同时利用园区内创业人才与项目集聚，张江高科集团正在积极开启"房东+股东"模式，以参股基金管理公司等形式加快向投资前端靠拢，从单纯的"空间提供商"向创新创业企业的"时间合伙人"转变。

● 综合服务完备

张江高科技园区整体规划分为六大区域，包括技术创新区、生物医药产业区、张江集电港、上海浦东软件园、科研教育区及居住区。其中技术创新区主要用于孵化引进的十余所名牌高校和国家科研机构，中心部分为生活服务中心，满足区内人员日常生活需求；科研教育区依靠国家级上海光源工程项目，引进全国一流科研机构、名牌理工科研究生院和大学，完善园区配套教育资源，便于科研人才引入；居住区内出行便利，公共交通资源充足，配有两期居住区与生活服务中心，同时设置酒店式公寓、商务型酒店、分散式度假型酒店等休闲场所，满足园区内外文娱旅游需求。

在企业服务上，张江高科技园区建立了完备的中介服务体系。园区以孵化器基地为主体，进行法律、财会、金融、资金服务等配套，引进咨询、评估、专利、律师、会计、审计等中介服务机构，提供相关注册咨询、专业技术指导、开发市场等服务；同时于2008年成立张江行政服务中心，实行"一口受理、一门办结"业务模式，可受理业务50多项，区内还推出行政审批和政府服务"零收费"政策，在2004～2010年六年间，"零收费"政策共为园区企业免去各类行政费用4000万元。

2017年8月，上海市政府正式批复《张江科学城建设规划》，该规划以张江高科技园区为基础，将其转型成为中国乃至全球新知识新技术的创造之地、新产业的培育之地、现代新型宜居城区和市级公共中心、世界一流科学城。科学城总规划面积为94平方公里，按照"一心一核、多圈多点、森林绕城"的布局结构建设。"一心"是指结合国家实验室，集聚科创设施，引入城市高等级公共服务和科技金融等生产性服务，形成以科创为特色的市级城市副中心。"一核"为结合国际医学园区，增加城市公共服务功能，形成南部城市公共活动核心区。"多圈"为依托以轨道交通为主的公共交通站点，基本实现步行600米社区生活圈全覆盖，强调多中心组团式集约紧凑发展。"多点"则指结合办公楼、厂房改造设置分散嵌入众创空间。"森林绕城"强调连接北侧张家浜和西侧北蔡楔形绿地、东部外环绿带和生态间隔带、南侧生态保育区形成科学城绕城林带[①]。该规划的提出意味着，已经具备部分"新城"功能的张江高科技园区实现向"城市副中心"的根本转变，更有利于促进"产城融合"，发挥产业效应，带动区域整体经济发展与城市建设。

（三）项目特色

张江高科技园区是以自主创新为特色的产、研、商、住一体化园区。其经营理念是"打造自主创新园区运营蓝筹股"。在园区主导产业方面，ICT（信息、通信、技术）无疑是张江高科技园区的一大亮点，已经形成了"芯片、模组、终端产品、服务"的产业链，智能手机、数字电视、汽车电子、智能卡等领域发展迅速。

张江自我定义的战略转型方向为科技投行，要着力打造全产品线科技地产商、全创新链产业投资商和全生命周期创新服务商战略（即"三商"战略），这一战略的效果也十分显著，其完备的孵化体系，产业培育与产业链招商打造的强势产业，为张江带来了行业中唯一做到产业投资收入超过科技

---

① 《张江科学城建设规划》。

地产收入的成绩。张江以高科技产业为特色有以下优势。

第一，政策优势。张江高科技园区是继外高桥保税区开发企业、金桥出口加工区开发企业、陆家嘴金融贸易区开发企业之后建立的浦东第四个重点开发企业，自成立之初就承载着上海自主创新的重任。2011年，张江高科技园区成为继北京中关村、武汉东湖后的第三个国家自主创新示范区，享有政策、规划、税收等方面的优惠。

第二，区位优势。张江高科技园区位于浦东新区核心区域，距离市中心、浦东国际机场均有轨道交通联通。

第三，科教资源优势。张江高科技园区内拥有中国科学院上海高等研究院、中国科学院上海应用物理研究所等研究机构，以及复旦大学张江校区、上海交通大学信息安全工程学院、上海科技大学、中国美院张江校区、上海电影艺术学院等知名高校。丰富的科教资源是自主创新的有力保证。

四 案例四：武汉东湖新技术产业开发区

（一）基本概况

东湖高新区于1988年创建成立，1991年被国务院批准为首批国家级高新区，2001年被原国家计委、科技部批准为国家光电子产业基地，即"武汉·中国光谷"，2007年被国家发改委批准为国家生物产业基地，2009年被国务院批准为全国第二个国家自主创新示范区，2011年被中组部、国务院国资委确定为全国四家"中央企业集中建设人才基地"之一。2016年获批国家首批双创示范基地，并获批为中国（湖北）自贸试验区。[①]

目前，东湖高新区规划面积达518平方公里，下辖8个街道，人口120多万。区内集聚了武汉大学、华中科技大学等42所高等院校、56个国家及省部级科研院所、66名两院院士、20多万专业技术人员和80多万在校大学

---

① 马骁俊：《武汉东湖高新区发展现状及对策建议》，《当代经济》2017年9月20日。

生,是中国三大智力密集区之一,形成了以光电子信息为核心,生物健康、智能制造、环保节能为支撑,以现代服务业为先导的"131"产业体系,形成了光谷生物城、武汉未来科技城、东湖综合保税区、光谷光电子信息产业园、光谷中华科技产业园、光谷智能制造产业园、光谷现代服务产业园、光谷中心城等8个产业集聚园区,参见图9-1。

图9-1 光谷产业园分布情况

东湖新技术开发区位于东湖、南湖和汤逊湖之间,东起武汉外环线,西至卓刀泉路,北接东湖,南临汤逊湖,面积达518.06平方公里,常住人口190.6万人(2012年)。该开发区由关东光电子产业园、关南生物医药产业园、汤逊湖大学科技园、光谷软件园、佛祖岭产业园、机电产业园等园区组成。北部科研院所、大专院校群是其科技与产业依托的重要基础。东部及南

127

部开阔的农村用地为开发区产业发展提供了用地空间。

东湖新技术开发区紧邻中心城区，依山傍水，风光秀丽。区内地势北高南低，湖泊密布，山峦起伏，三湖（东湖、南湖、汤逊湖）、六山（珞珈山、南望山、伏虎山、喻家山、马鞍山、九峰山），再加上外围的武汉东湖风景区、南湖风景区、马鞍山森林公园、九峰森林公园、汤逊湖旅游度假区，绿化和水面多达200平方公里。

交通区位上，东湖新技术开发区距离武汉天河国际机场41公里，距离华中地区水陆联运中心武汉港20公里，距离武昌火车站8公里，距离汉口火车站28公里。到2000年底，区内有珞喻路、雄楚大道、关山大道、光谷大道、高新大道，民族大道等主干道，形成"两横三纵"的城市道路骨架系统。

科研资源上，东湖新技术开发区内高等院校林立，有武汉大学、华中科技大学、武汉职业技术学院、武汉软件工程职业学院等58所高等院校，100万名在校大学生；科研机构众多，有中科院武汉分院、武汉邮电科学研究院等56个国家级科研院所，10个国家重点开发实验室，7个国家工程研究中心，700多个技术开发机构，52名两院院士，25万多名各类专业技术人员；年获科技成果1500余项，是中国智力最密集的地区之一，科教实力居全国第三。

到2000年，东湖新技术开发区85914名从业人员中，中专学历占19%，大专学历占22%，大学学历占21%，博士、硕士占4.5%；平均每平方公里科技人员达到5000人。具有高级技术职称的人员达5880人，占在册职工的5.8%，具有中级技术职称的人员达12966人，占在册职工的17%。1996年，具有高中级技术职称的专业技术人员在在册职工中已占到20%[①]。

（二）实践探索

20世纪八十年代，世界新技术革命浪潮汹涌，中国改革开放大潮澎湃，

---

① 武汉东湖新技术产业开发区［中国光谷］，http：//www.360doc.co，2015。

武汉东湖新技术开发区应运而生。从20世纪80年代成立至今,东湖高新区的发展步步完善,逐渐成为全国高新区的优秀示范样本。

表9-2 武汉东湖高新区发展历程

1984年,东湖高新区开始筹建。
1988年,东湖高新区创建成立。
1991年,被国务院批准为首批国家级高新技术产业开发区(面积24平方公里)。
2000年,被科技部、外交部批准为APEC科技工业园区。
2001年,被原国家计委、科技部批准为国家光电子产业基地,即"武汉·中国光谷"。
2006年,被科技部列为全国建设世界一流科技园区试点之一;被商务部、信息产业部、科技部确定为国家服务外包基地城市示范区。
2007年,被国家发改委批准为国家生物产业基地。
2009年,被国务院批准为国家自主创新示范区,是全国114家高新技术开发区中特批的三个国家自主创新示范区之一(北京中关村、武汉东湖、上海张江)(面积518平方公里)。
2011年4月,中组部和国务院国资委确定武汉未来成为四家全国"中央企业集中建设人才基地"之一(北京、天津、杭州、武汉)。
2012年5月,获批国家级文化和科技融合示范基地。
2013年,习总书记考察光谷时,对光谷的工作给予了四个方面的肯定:一是光谷科技成果转化效果明显;二是围绕改革做了不少文章;三是光谷与大学结合紧密,光谷的研究机构多,科技人才比较多,有自主创新成果,科技成果转化较好,光谷的大学产业化做得不错;四是光谷的产业特色明显,尤其在光电子产业方面特色鲜明。
2016年5月,光谷被国务院确立为"大众创业、万众创新"示范基地

东湖高新区发展过程中所取得的主要成效有:

• 经济实力不断增强

东湖高新区自创办以来,经济保持高速发展。高新区企业总收入2006年突破1000亿元,2009年2215亿元,2015年突破万亿元,达到10062亿元。2016年企业总收入11367亿元。

• 重大创新成果不断涌现

自2009年以来,东湖高新区专利申请量保持年均20%的增速,2016年申请专利突破2万件,增长30%以上;累计制定国际标准19项,国家标准

321项，行业标准413项，涌现了一大批具有自主知识产权的创新成果：国际领先的光通信"三超"技术（超大、超长、超速光传输）、国内首台万瓦光纤激光器、全球首条万吨级生物质燃油生产线、全球首台数字正电子发射断层成像仪（PET）等。

- 战略性新兴产业不断壮大

光电子信息产业。2016年总收入突破5000亿元。光通信、激光、光电器件、新一代显示技术、半导体照明、地球空间信息产业在全球具有重要影响力，中国光谷成为我国参与全球光电子竞争知名品牌。

生物产业。武汉国家生物产业基地进入全国前三甲，重点聚焦生物医药、生物农业、生物制造、生物能源、医疗器械和健康服务六大细分领域，2016年产业总收入突破1000亿元，同比增长25%。

高端装备制造产业。2016年完成收入1274亿元，已在全国形成领先地位，长飞光纤、华中数控2家公司项目入选2016年国家智能制造综合标准化和新模式专项项目，重型、超重型机床在全国领先，数控机床、智能网联汽车等领域全国领先地位正在形成。

新能源和节能环保产业。2016年完成收入1169亿元，高新区在生物能源、光伏太阳能、大气污染防治、水污染防治、固体废弃物处理、新能源与环保装备、节能环保服务七大特色细分领域，集聚了阳光凯迪、都市环保、日新科技等一批行业龙头企业。

高技术服务业。移动互联网、软件服务外包与信息服务、动漫设计与文化创意等新兴产业快速发展，2016年实现总收入2569亿元，同比增长15%。

同时，新兴产业发展势头良好。"互联网+"领域，盛天网络、斗鱼、卷皮等一大批企业快速成长为行业领头羊，光谷成为我国互联网创业"第四极"。人工智能和工业机器人领域，在中高档数控系统、超重型数控机床、3D打印、工业机器人等方面形成一定竞争优势，拥有华中数控、武重、奋进智能等相关企业200余家。AR/VR领域，涌现秀宝软件、湾流科技、铃空网络等重点企业70余家。智慧能源领域，拥有国网武汉南瑞等重点企业50余家。

- 对外开放水平不断提高

对标上海自贸区,光谷深化"走出去"和"引进来"体制机制改革。降低投资准入门槛,制定出台"先照后证"目录,颁布内资准入负面清单,清单之外的产业"非禁即入"。简化贸易监管流程,在全省进行分送集报、简化无纸通关随附单证和备案清单、集中汇总纳税、快验快放检验检疫监管等一系列口岸监管改革试点。搭建服务贸易平台,建设了国际生物医药保税、保税展示交易、跨境电商、外贸综合服务等贸易发展平台。目前,高新区聚集外资企业700多家,世界500强企业65家;累计74家企业在51个国家实现投资,9家企业海外上市。

- 创新创业活力不断加强

通过深化改革、促进创新,东湖高新区在创新能力、创业活力和国际化水平方面明显提升。

一是创新要素加快集聚,抓人才特区、资本特区、政策特区和创新平台建设。截至2016年末,已累计聚集"千人计划"326名、"百人计划"152名、"3551人才计划"1200多名、海外人才团队4000余个。集聚各类金融及服务机构超1000家、上市公司36家、新三板挂牌企业117家;建立区域要素市场16家。

二是创业活力加快迸发。光谷·青桐汇成为国内创投创业界知名品牌,在"大众创业、万众创新"领域处于全国第一方阵。2016年,新增市场主体16652户,同比增长29%,新增企业12614户,增长28.8%,平均每个工作日新增企业51户。目前,光谷市场主体总数突破7.2万户,其中企业总数4.7万家。

三是重大项目不断落户。过去三年,高新区累计完成新兴产业投资超过1200亿元,包括100亿元以上战略性新兴产业项目2个,50亿~100亿元的5个。总投资240亿美元的国家存储器基地项目正在稳步推进,总投资160亿元的武汉华星光电项目已经量产,总投资120亿元的武汉天马项目、总投资50亿元的武汉华为项目、摩托罗拉(武汉)产业园项目建设顺利推进。

（三）项目特色

在经历了大股东变更、业务结构调整、企业理念创新等一系列调整后，东湖高新区坚决喊出"二次创业"口号，转变经营模式，调整资产结构，探索新的商业模式，通过资源整合，提升产业园区的运营招商能力、完善产业的运营服务及孵化功能，完成由"园区开发商"向"园区运营商"的战略转型，同时也是国有园区平台中少数几个敢于尝试纯市场化异地复制的企业。目前，东湖高新区的模式创新主要包含三个方面，即从产业研究、园区运营与孵化投资等维度深入产业价值链，从中寻求新的赢利路径。

从模式上来看，东湖高新区从开始的1.0版本的征地拆迁和土地招商，到2.0版本的建设标准化厂房，3.0版本的综合型园区和4.0版本的有明确产业方向的主题型园区，再到当下以多元化服务和投资为纽带，尝试通过政企合作方式将企业、园区和政府进行更紧密绑定的5.0版本，东湖高新区不断对自身业务模式和运营理念进行了突破和创新。

通过两个端口，其前端现金流压力通过资本市场的力量和适当的销售回款解决，后端则通过模式创新和政府、入园企业实现更深层面捆绑，与政府捆绑通过PPP模式操作。

五 案例五：嘉善产业新城

（一）基本概况

嘉善产业新城位于浙江省嘉兴县，地处长三角"沪杭苏甬"黄金十字轴线中枢位置，毗邻嘉善高铁南站，23分钟直达上海虹桥机场，地理位置极为优越。高铁的通车为嘉善构建上海反磁力吸引体提供了基础。2013年，为发挥特有区位优势、进一步拉动县域经济，嘉善县政府采用"综合PPP"模式，引入社会资本，正式推动嘉善产业新城的建设。作为全国唯一县域科学发展示范点，嘉善产业新城在开始的五年时间里，已全部完成初步开发工作，基本形成"一带、两轴、三片区"的空间格局，建有嘉善大道、上海人才创业园、新西塘越里、云湖等多个不同功能项目①。

（二）实践探索

- 科学总体规划

为避免反复规划带来的时间与资源的浪费，嘉善产业新城在初期并未急于启动开发，秉承着规划先行的理念，嘉善县政府组织各专家团队（如麦肯锡、华高莱斯等），确定以高铁为核心的新城初步战略、概念、产业规划与开发策略。在签订政企合作协议后，被委托方与世界顶级咨询公司AECOM与德国顶尖建筑设计公司AS&P合作，结合县域自身特色，为嘉善产业新城量身打造《嘉善产业新城概念性总体规划》，在区域功能分区、产业功能布局、门户形象等多个方面进行总体规划；设计《嘉善产业新城景观风貌及形象设计导则白皮书》，为嘉善产业新城的生态、人文、建筑等多个公共空间与环境建设提供指导。

融合了国际大师智慧与中国特色元素的系列规划，综合了全球视野、本土认知、技术创新与专业知识，为嘉善产业新城的产业布局、城市建设提供了科学先进的指导。目前，总体规划已初步落实，城内已建成上海人才创业园、新西塘水街、嘉善规划展示馆、城市门户、嘉善大道、滨水公园、颐和家园等多个重点项目，累计完工道路4条，面积46.79万平方米，厂站完工1座，高质量推进路、水、电、气、信等基础设施，实现了"十通一平"。产业配套设施完善，城市核心区域基本搭建，一所宜居、宜业、宜游的现代化水乡已初具规模。

- 政府企业合作

高铁的打通为嘉善带来了经济腾飞的机遇，但城市的再开发与基础设施的重新建设需要专业的指导与大量资本注入，为解决这一难题，嘉善县审时度势，于2013年在浙江全省工程领域内率先采取PPP模式，为新城建设带

---

① 秦正长：《三年，PPP催生一座嘉善产业新城》，《浙江日报》2016年12月26日。

来新的活力。在整体合作中，嘉善县政府主要负责开发建设的管理工作并提供合法用地，在融资过程、行政事务、优惠政策等方面给予尽可能的便利，在后续新城运营上，成立长三角嘉善科技商务服务区管委会，围绕"政务服务、商务服务、中介服务、生活服务"四大类内容，提供一站式优质服务。

华夏幸福在新城建设与运营的多个环节都需提供对应服务，在产业发展服务方面，企业主要根据国家政策、浙江省"十三五"规划对七大万亿级产业的战略布局以及嘉善县"十三五"规划，聚焦国家级、省级重点发展新兴产业，定位互联网、文化创意、医疗健康、新能源四大领域，为嘉善新城量身打造产业布局；在企业服务方面，企业设立政策平台、服务平台、技术平台、人才平台、资金平台五大平台，为落户项目提供租金优惠政策、知识产权保护、云计算技术指导、人才开发基金、创业投资等支持，使企业能够"驻下来、驻长久"；在孵化方面，企业注重以创新孵化不断完善新城自身的产业平台生态体系，与太库、火炬合作为创新创业项目提供全程一站式服务，形成了创新培育体系。截至2016年底，已建造的上海人才创业园吸引超60家企业入驻，40余家企业入驻孵化平台，创业人员近百人，成功举办各种创新创业活动20余场，累计接受创业辅导人数多达1000余人，为嘉善新城的可持续发展提供保障。

截至2018年6月，嘉善产业新城共吸引近200家企业入驻，形成四大创新产业集群。华夏幸福2017年年报显示，2017年嘉善产业新城新增签约投资额突破百亿元，达到135.98亿元。

• 新兴产业主导

嘉善县曾于2002年对狭小老城区进行规划改造，以庄园景观为特色、水乡风光为魅力，吸引了不少外来人口，积累了一定的产业经验与经济基础。在基于高铁进行的新城建设中，嘉善县更加注重优质产业的导入，重点培育科技研发、软件信息、影视传媒、商贸服务等新兴产业，与嘉善原有的产业实现错位发展。

第一，科研研发产业为核心。嘉善产业新城注重研发创新能力的引入与培育，聚焦智能网联汽车（ICV）行业，重点关注智能驾驶软硬件供应商，包括各类环境传感器、整车控制算法、转向系统、制动系统等,打造以科技创新为动力,面向未来出行与智慧城市的智能网联汽车产业集群,利用智能网联汽车关键技术研发和测试平台搭建整车研发智造产业链,更好地介入长三角汽车制造产业布局,打通了上海创新、嘉善转化、长三角应用的区域产业价值链协同发展的通道。目前HUGER、UISEE、云鸟、众上集团、上海朗因等企业已入驻嘉善产业新城。

第二,软件文创产业为特色。软件信息与影视传媒是嘉善产业新城的两大特色产业,该产业既利用了嘉善风景秀美、文化底蕴丰厚的已有优势,又与传统产业相互错配。其中软件信息集群发展方向以IT人才实训孵化为先导,聚焦ITO、完善服务平台、营造IT生活社区氛围,目前已经聚集了创客邦、太库、普朗克量子等众多软件实力派企业。影视传媒集群聚焦综艺节目制作及关联产业,以综艺节目摄制、生产为核心,带动新媒体内容、设计、广告制作、动漫游戏、虚拟现实等关联产业发展,吸引了浙江思行、史克浪体育文化、太颜文化传媒等企业签约入驻。智能制造与文化创意共同推动嘉善成为产品丰富、环节齐全、优势突出、特色鲜明的长三角特色产业集群经济高地。

第三,电商金融集群强支撑。嘉善产业新城以"互联网+"为驱动,以电子商务为重点,覆盖商贸结算、大宗交易、生产型企业销售分支、营销中心等多项产业,截至2017年末营业额已经突破50亿元,吸引了金银岛、也买酒、中晨电商、化塑汇、快塑网等多家企业入驻。建设电子商务核心区,包括电商平台产业园、传统企业电商总部产业园、电商配套产业园、中小电商应用产业园、跨境电商产业园"五园",电商仓储物流基地、跨境电商保税进出口基地"两基地",实现电商平台、电商配套、电商应用的三大功能,充分利用地理优势;在金融服务方面,产业新城以嘉善县传统金融业务为先导,配套发展金融后台服务及总部商务服务业,中长期谋划以金融科技为核心,服务产业发展的创新金融业态。

精准定位与集聚发展,吸引了众多高端优质产业项目落户嘉善产业新城,新增签约入园企业80余家,入驻率超过60%,实现营业收入超过50

亿元,产业"兴城"效果明显。

● 宜居城市打造

嘉善产业新城注重打造生态环境优美、人文底蕴浓厚、城市配套同步上海、全域皆可畅游的宜居模式,遵循以人为本的发展理念,以创新、创业人才生活配套需求为导向,量身定制堪比上海的精致城市配套体系,成功起到反磁力作用。同时通过打造富有时代及文化气息的魅力项目,举办具有地方特色的产业新城活动及节庆,充分展现文化底蕴及全域宜游环境,提升产业新城人群的幸福感及归属感。具体包括以下三个方面。

以"人"为本的配套服务。在教育资源上,嘉善新城注重多层次、高水平教育资源的提供,引入上海师范大学附属嘉善实验学校(小学部)、上海师范大学附中,联手澳大利亚文化教育集团(ACE)投资建设嘉善澳华国际幼儿园,覆盖从幼儿园到中学的优质教育资源,满足了精英人才对教育配套的渴求,增强了城市的附着力。在生活资源上,投资建设社区中心精品项目,成熟运营新西塘越里项目,城内建有枕水酒店等五星级酒店多家,武塘公园、云湖公园等公园多处,嘉善规划展示馆由何镜堂院士操刀设计,为全国最大的县域规划展示馆,新西塘水街融合江南水乡与现代生活方式,重塑江南古镇魅力,满足城内外人们休闲娱乐需求。

以"水"为系带的生态景观。嘉善本身拥有丰富的水资源,在新城规划中以"内、中、外三环水系"为纽带,将城内产业、居住、旅游与商业等多块功能区域有机联合起来,保持原有特色的同时营造水乡生活环境。同时嘉善新城以云湖、伍子塘、油车港、白水塘、新西塘越里文化景观带等为主线,串联众多绿地空间,构建集生态涵养、休闲交流、文艺体验为一体的"蓝+绿"的生态底板。在此基础上,新城将进一步营建长三角内最具优势的跑步游线、在自行车通勤基础上进一步发展骑游体验线路、使用新能源游览车等强化花园城市的游赏体验、打造水陆联运的特色公交体系,最终形成嘉善新城独具魅力的生态慢行交通体系。

以"城"为核心的魅力运营。嘉善新城注重利用产业带来的发展动力,推动城市的建设与运营,通过建立城市魅力核、深耕核心区,以五星级酒店、云帆大厦、中央公园等重点项目为抓手,提升嘉善产业新城核心区的公共服务功能;通过拉出区域路网框架,建起纬二路、纬一路、体育南路、子胥路等交通主次干道全覆盖的区域通达路网体系,便于城内人员流动与各功能交互,目前在建市政道路20条,累计里程18.7公里;在生态景观完备、产业布局合理的基础上,嘉善新城注重营造"绿、美、亮、净、序"的城市环境,并开始推行智慧市政管理系统,为城内居民提供更为便利的生活[①]。

嘉善新城充分利用自身区位优势与自然资源,以人为本、以产业为基石、以城市建设为目的,通过新兴产业的错配选择、文创景观的合理搭建、生活需求的全方位满足,建设出一座崭新的智慧生态、宜居宜业的幸福城市。

(三)项目特色

嘉善新城充分利用自身区位优势与自然资源,以人为本、以产业为基石、建设出一座崭新的智慧生态、宜居宜业的幸福城市,为老城改造、新城建设提供可借鉴经验。

第一,规划先行,科学预设。新城建设是一项复杂而浩大的工程,前期科学全面的规划尤为重要。嘉善在进行城市建设初期,组织多个咨询公司、建筑设计公司,通过实地调研、整体分析,确定了包括空间布局、产业选择、区域功能、城市形象等多方面的总体规划,做到规划思想统一、各方面协调、"一张蓝图画到底"的顶层设计,使得新城各板块间协调互配。值得注意的是,第三方机构的专业知识、技能固然重要,对于城市的熟悉与了解更应发挥作用,在规划团队组建的过程中应注重经验与理论的搭配,以免规划沦为一纸空谈。

第二,结合现状,产业升级。嘉善曾对老城区进行过一次改造,具有一

---

① 秦正长、郑小梅:《PPP模式引领嘉善产业新城深度创新》,《浙江日报》2018年1月10日。

定的产业经验与经济基础，在高铁建成后，嘉善县一方面紧紧抓住随之而来的区位与交通优势，开启新一轮规划建设；另一方面综合考量了已有产业结构，确立了高端产业为主，利用已有制造业基础，大力发展电子信息制造业、先进装备制造业两大产业，同时培育科研、电商、文创等新兴产业，既利用了既有产业基础，又在此之上培育更具经济推动力的产业结构，建设"新"的同时完成了"旧"的转型升级。

第三，利用优势，营造宜居环境。嘉善本身具有丰富的水资源与宜人的气候环境，与上海虹桥仅23分钟的高铁为其创造引流人口的机会，因此嘉善充分利用自身优势，打造了一系列城市配套体系与文化旅游项目，既打响水乡名牌，又提高了新城人群幸福感。在产业新城的建设中，"城"的打造与运营是极为重要的部分，它既是满足城内人群生活需求的重要载体，也能为产业的再发展创造新的机会，产业新城的打造要注重结合自身的优势，因地制宜地营造宜居环境，才能让居民有幸福感，从而实现一座城市的功能。

六 案例六：溧水产业新城

（一）基本概况

溧水产业新城位于溧水经济开发区核心区域，毗邻禄口国际机场，距离南京主城区32公里。2016年3月，华夏幸福与溧水经济开发区正式签订PPP协议，携手致力于将溧水产业新城打造成"智能网联汽车镇，魅丽精致山水城"。聚焦"研发+制造"模式，溧水产业新城打造以智能网联汽车为主、智能制造装备和生产性服务业为辅的"一主两辅"格局，同时形成"一核两翼、双心多廊"的空间结构。以新城生态为核心，宁高高速两侧城市功能区为两翼，东侧科创中心与西侧服务中心为双心，辅以生态廊道空间，最终以合理的空间布局成就城市的美好未来。2016年10月，溧水产业新城成功入选财政部、教育部、科技部等20个国家部委联合发布的

"第三批政府和社会资本合作示范项目"名单，成为国家级 PPP 示范项目标杆。

（二）实践探索

- 整体规划

溧水产业新城项目覆盖了产业新城规划、建设及运营的全生命周期，其主要模式是"设计-建设-融资-运营-移交"。

- 操作流程

先期签订 PPP 合作协议，按约定成立项目公司，项目公司通过为政府规划部门提供规划咨询服务参与产业新城的设计工作，即提供规划设计服务。规划获批后，项目公司在溧水区可开发区域内提供土地整理服务，建设道路、供水厂、燃气站、污水处理厂、学校、医院等基础和公共设施，提供建设服务。同时，为筹集开发建设所需的大量资金，项目公司在开发的全生命周期内负责融资，以保障项目建设和运营资金的供给。产业新城建设初步完成后，项目公司将开展园区品牌建设、企业招商和产业运营服务，吸引与园区产业规划相符的企业落户园区投资，为其提供行政审批协助、园区管理、企业融资、人才引入等多类型服务。同时，为保障园区正常运转和公共服务的供给，项目公司负责运营园区建成的各类基础设施和公共设施，为入园企业和园区居民提供各类公共服务，这两部分服务共同构成园区运营服务的供给。协议到期时，项目公司将产业新城的各类设施移交给当地政府，也不再提供产业运营服务，即完成移交流程。

- 项目进度

自 2016 年 3 月 20 日正式签约开始，溧水产业新城 PPP 项目共启动建设事项 10 余项；2016 年 9 月，产业新城内的科创中心竣工开园，便吸引了南京泛远信息技术有限公司、上海金蓝络、河南爱便利等一大批创新型企业入驻，同时入驻的还有中原内配、我乐家居、瑞珑汽车等一批知名企业。截至 2017 年底，产业新城中的月鹭湖公园项目建设完工，规划展览馆项目实现封顶，景观大道完成主车道通车和桩基施工；在产业招商方面，已洽谈和签约高端产业项目 20 余个，累计完成 10 余个大型项目进驻，到 2016 年底，实现企业入驻率达到 80% 以上[1]。

（三）项目特色

溧水产业新城通过 PPP 模式，政府与企业明确职责、共同合作，打造了以智能网联汽车为主、智能制造装备和生产性服务业为辅的"一主两辅"格局，同时形成"一核两翼，双心多廊"的空间结构，证明了 PPP 项目在产业新城建设中的作用与优势，为产业转型与城市再发展提供可借鉴经验。

第一，示范性的 PPP 模式。溧水产业新城是溧水开发区与华夏幸福签订的 PPP 项目，已入选 2016 年"第三批政府和社会资本合作示范项目"，此合作模式与流程堪为 PPP 项目的范本。项目公司为政府提供规划咨询与新城设计服务，在规划获批后整理土地，建设相关基础设施，通过融资筹集资金并在新城建设完成后提供相应运营服务，覆盖了产业新城的设计、建设、融资、运营的全生命周期。

第二，跨越性的新型产业。产业新城以产业为主要驱动力，"以产带城"实现城市的发展与跨越，溧水抓住产业新城建设机遇，培育壮大战略性新兴产业，通过培育高端产业集聚带动原有传统产业的转型升级，重构产业结构、转换发展动能，形成更具持久动力、龙头企业带动、大项目驱使、产业链不断健全的发展格局，从而推动溧水的大发展与大跨越。

第三，高效率的营商环境。产业新城的运转离不开留驻的企业，只有让企业能留下、留久，才能发挥产业的集聚效应，推动城市的建设与发展。溧水政府在产业新城的建设中为企业创设了良好的投资环境和充裕的发展空间，通过设立园区服务公司进行资源整合和统一调配，营造精准、有效、一流的营商环境，确保了企业的入驻率与入驻时间。

---

[1] 《南京市溧水区产业新城 PPP 项目：推进特色小镇建设 加快城市资源向外释放》，《中国经济周刊》2017 年 1 月 16 日。

七 经验启示

（1）以人为本是产业新城发展的重要条件。与传统产业园区不同，产业新城更尊重人的发展和需求，充分考虑人与环境的关系，以优质、人性化的服务满足各类人群的要求；突出基础设施与生活配套同步建设，强调产业服务、消费服务和公共服务共同发展以加强城市的综合服务功能，形成生产、生活、生态协调发展的现代化新城。

（2）转变政府职能是产业新城发展的保证。我国产业新城未来发展的方向就是在开发建设和运营管理机制方面寻求突破。当然，这需要政府转变职能，政府与开发企业的关系彼此协调，相互制约，走向成熟。如苏州工业园区管委会和开发公司之间的权力与职能划分非常清晰和明确，政府职能也从原来的"管理型"向"服务型"转变，例如推行一站式服务，按照"小政府、大社会"的原则，建立"精简、统一、效能"的组织架构，及对企业提供"全过程、全方位、全天候"的服务体系等，都具有良好的借鉴意义。

国际借鉴篇

第十章
国际成功案例盘点与经验学习

纵观国内外实践，产业新城的发展基本遵循两种路径。一种是先建新城，然后才考虑到新城独立功能，并通过承接中心城市（区）产业转移，发展相关的产业，带动新城本地居民就业；另一种是先建产业园区，然后为了解决产业发展、工人生活居住和园区配套设施等问题而兴建城市。欧美国家的发展实践基本走了第一条路，日、韩等东亚新兴国家则采取了两条路径相结合的方式。在产业新城建设过程中，国外也面临着建设投资、运营管理和产业发展、转型升级两大难题。

本篇介绍国外产业新城的实践与启示，具体有英国"田园城市"的产业转型升级困境与城市衰落；美国"科技海岸"的智慧、环境与产业发展；日本多摩新城的私营铁路开发与产业兴城；韩国昌原新城的工业开发区转型升级与产城互动。国外产业新城为现阶段我国产业新城发展提供了许多有益的启示，主要包括以下几方面：发展产业新城需要处理好居民就业和居住的关系；发展产业新城需要重视产业合理选择和适时转型升级；发展产业新城需要调动各类社会资源共同参与。

一 案例一：英国"田园城市"

英国斯蒂芬内奇新城地处于英国赫特福德郡，是在第二次世界大战之后为了分流伦敦地区人口和产业而规划的第一个新城，该城的发展历程从侧面反映了英国新城建设的思路和转向。斯蒂芬内奇的人口增长率显著地受自身发展过程中移民的直接影响，因此人口增长较为直接地反映了该城的发展过程。20世纪50年代，斯蒂芬内奇的人口增长率高达19.38%，同期，赫特福德郡人口增长率仅为3.44%；1951~1961年该城共计迁入30591人；就业增长中比重最大的部分是制造业，1946年该城的规划就业岗位是2500个，但到了1960年，就业岗位达到19209个，1981年达到35000个。1966年，斯蒂芬内奇制造业就业人口占该城就业人口的比重达到65%，比重高于赫特福德郡其他地区；1971年，该城制造业就业人口占57%，高于全郡水平33个百分点。1966年之后，制造业就业人口比重开始下降，服务业就业人口比重逐渐上升。到了1981年，斯蒂芬内奇新城制造业就业人口比重为40.7%，仅比赫特福德郡的比重高出5.7个百分点。据统计，1981~1991年，该地一共迁出6317人，人口增长率仅为0.08%，低于赫特福德全郡0.2%的人口增长率。1991年之后，史蒂芬内奇的制造业就业比重继续下降，仅为16.4%。

斯蒂芬内奇新城人口结构变化与城市主导产业衰退、新兴产业又未能及时跟上密切相关。在新城建设之初，航空产业是城市的主导产业，也是最重要的就业部门。20世纪50年代中期，英格兰许多电子信息企业将大部分的制造生产环节迁入斯蒂芬内奇，给当地带来了经济生机。到1961年，斯蒂芬内奇26%的就业人口集中在航空产业。然而，由于长期以来依靠少数几个支柱产业，没有及时实施产业转型升级计划、做好新兴产业培育发展战略，到20世纪80年代早期，英国经济严重衰退，斯蒂芬内奇经济过度依赖少数公司，当这些公司出现经营困难甚至破产倒闭时，城市经济遭受严重的冲击，城市失业率迅速上升，部分人口陆续迁出。

二 案例二：美国"科技海岸"

尔湾市地处加州以南50公里处，隶属橘子郡管辖，是美国最大的规划城市社区之一，拥有Laguna海滨、Long Beach海滨，阳光充沛、气候温和。尔湾建市30多年来，通过精心规划设计，已经成为加州乃至美国高尚居住社区和商业社区的典范，是美国产业新城建设的样板。尔湾新城建设的推动者主要是由尔湾家族控制的"尔湾公司"，该公司曾以农业和种植业为主要业务方向。1959年，该公司应加州大学请求，捐出4.05平方公里土地建设加州大学尔湾分校（UCI），州政府划出2.025平方公里土地作为地方配套，规划建设一个能够容纳5万人口的大学城，包括工业区、商业区、住宅区、休闲区和绿地等。1970年之前，尔湾工业区和一些住宅区陆续建成。1971年，尔湾市正式成立。通过运用城市商业战略计划和通用计划，尔湾议会在财力约束下确定了城市发展的原则：保持和加强尔湾的物质环境以防止社区衰退；通过平衡公共安全服务和犯罪预防战略，保障社区治安；长期保持具有吸引力的商业和销售税以鼓励经济繁荣；在服务社会的过程中，确保政府活力，以市场为基础和以消费者为导向，提高政府效率。由于很好地平衡了城市发展、环境和居住舒适度，尔湾在宜居城市排行中名列前茅。同时在增长过程中，尔湾不断加强基础设施建设，保证居民的生活质量和商业环境。在城市建设过程中，尔湾市尤其注重原有生态的保护，至今该市大约有178.2平方公里的农场土地作为自然栖息地加以保护，24.3平方公里土地用于公园和开放空间。在产业方面，依托大学城，尔湾商业与学术文化相互融合，形成了以高科技产业为主的特色产业结构并呈现多元化的特点，能够分散产业和市场风险对本地经济的冲击。尔湾现有公司约1.7万家，以高科技公司为主，因此尔湾也被称为"科技海岸"。在产业结构方面，尔湾形成了以设计为主要创新形式的七大产业集群，包括软件/数字媒体、专业服务、生命和清洁技术、连锁特许、运动装备和先进制造业。此外，尔湾云集了数量众多的汽车公司的美国（北美）总部，其中包括马自达、起亚、福特、阿斯顿·马丁、路虎、丰田、戴姆勒·克莱斯勒、林肯、川崎等世界汽车工业巨头。

三　案例三：日本多摩新城

多摩新城是在分散东京中心城区人口过度集中的大背景之下兴建的，也是政府引入私营铁路公司开发的一个新市镇。1965 年多摩新城建设计划获得政府批准，于 1968 年开始建设。新城是按居住功能定位进行建设，初期规划面积 30.16 平方公里，其中住宅居住区规划面积 25.68 平方公里，住宅建设面积占 47%，规划人口 37.3 万人。新城由私营地铁公司负责开发建设，政府给予企业资金补贴，包括城市建设和铁路线路。最初，多摩新城是一个典型的"卧城"，由于距离东京中心城区较远，城市设施配套不太完善，房价也较便宜。虽然居民出行可以利用便捷的交通体系，但由于新城住宅设计不合理、"卧城病"问题突出等原因，很长时间未能达到人口规模规划目标，新城人气显得不足。为此，在政府一系列优惠政策的支持下，多摩新城承接了电子、生物、制药等新兴产业的转移，同时建造了大量租金较低的写字楼和住宅，吸引了大量就业和居住人口。随后，产业和人口的集聚很快提升了多摩新城的活力。

四　案例四：日本筑波新城

筑波位于 Ibaraki 地区的南部，属于茨城县管辖范围，位于东京东北方向 50 公里处。筑波城市面积为 280.07 平方公里，包括两个部分——研究学院地区和周边开发地区。研究学园地区有 27 平方公里，位于筑波科学城的中心，其中包括国家研究与教育机构区、都市商务区、住宅区、公园等各功能区。周边开发地区约 257 平方公里。研究学院地区根据用途又分为三个区域。中心区位于研究学院园区的中部，面积约 80 公顷，同东京的副中心 Shinjuku 差不多大；多家研究和教育机构用地面积大约为 1465 公顷，占整个研究学院园区的 54%；剩下的是居住区用地，划分为 3 个住宅群落。筑波新城的规划方案经过了数次修改，从 1963 年 9 月至 1969 年 4 月历经了四轮总体规划方案的编制，现在新城的土地利用规划是在第四次总体规划方案的基础上进一步制订的方案①。

在日本的产业新城项目中，筑波科学城堪称典型代表。科学城的开发建设纳入日本政府"技术立国"的发展战略框架，20 世纪 60 年代后期日本的国家战略从贸易立国转向技术立国，从强调应用研究，逐步转向注重基础研究的方向，从技术模仿转向技术创新，科学城的建设就是一项重要措施。为了适应技术立国的需要，日本政府将所属 9 年部（厅）的 40 多个研究机构迁到筑波科学城，形成以国家试验研究机构和筑波大学为核心的综合性学术研究和高水平的教育中心，促进大型科学项目的研究。通过几十年的发展，筑波科学城形成了以国家实验研究机构和筑波大学为核心的综合性学术研究和高水平教育基地②。

五 案例五：韩国昌原新城

昌原新城位于韩国东南部，距韩国釜山 40 公里，是一个土地面积 297 平方公里、人口 53 万人的工业新兴城市。昌原新城最初是为了落实韩国化学和机械工业培育政策而设立的昌原工业开发区，随着大量的产业和就业人口向开发区集聚，开发区成立 6 年后就升格为市。昌原新城是产业带动新城发展的代表，工业园区面积约 26.4 平方公里，园区发展定位高，配套好，带动效应强。昌原新城吸引了 LG 电子、起亚重工、大宇综合机械、GM 大宇、三星 TechWin、斗山重工等世界知名企业落户，现有 1200 多家企业开

---

① 钟坚：《日本筑波科学城发展模式分析》，《经济前沿》2001 年 9 月 22 日。
② 郭磊：《国际新城新区建设实践（二十三）：日本新城——筑波科学城建设案例（5）》，《城市规划通讯》。

展对外贸易或跨国投资。园区内的企业与设立在当地的国家机械研究所、电气研究所一起建立了紧密的产学研关系，形成以机床、汽车、工程机械、光学电子、家用电器、钢铁为主导、具有较强竞争力的产业体系。同时，工业强劲发展增强了城市经济实力，使昌原市政府有能力提高当地居民的福利水平和建设更多的公共基础设施，改善城市环境，使之成为宜居、宜业和宜商的现代产业新城。

昌原新城之所以能取得成功，与政府的高效运营密不可分。一方面，政府从机构设置、公务员素质等方面精心安排，实现工业园区和城市高效融合发展；另一方面，市政府以促进产业发展为己任，积极协助企业建立海外联系。如市政府主动联合中、日、俄三个国家10个城市设立了"东北亚机械产业城市联合体"，同时建立了定期交流沟通机制。

六 经验启示

国外产业新城实践早于我国，许多经验教训值得当前建设产业新城的各地借鉴，特别是协调好产业和城市的关系，以避免产业新城变成"空城"或功能单一的城市。国外产业新城为现阶段我国产业新城发展提供了许多有益的启示，主要包括以下方面。

第一，发展产业新城需要处理好居民就业和居住的关系。通过比较国外产业新城的成功经验和教训，我们发现，只有自身具备较为完善的经济社会功能的新城，才能成功地吸引人口和发展产业，维持较旺盛的产业活力，使新城在一定程度上相对独立于中心城市，不至于沦为依附于中心城市的"卧城"。只有不断保持和提升产业发展的活力并提供高质量、多元化和充裕的就业机会，满足不同阶层人群的就业需求，并在生态环境、生活质量和配套设施等方面满足居民的生活需求，才能稳定和集聚一定规模的人口，增强居民的归属感和责任感，维系和谐的社会结构。为了达到此目的，新城建设的目标应该适度多元化，即把新城定位于集居住、就业、教育、休闲、卫生、娱乐、商业、福利等于一体的功能齐全的新城市。仅仅发展产业或者仅仅发展城市，都很可能最终丧失城市自身发展的持续动力和活力。

第二，发展产业新城需要重视产业合理选择和适时转型升级。产业结构决定了就业结构和居民的收入水平，继而决定了居民的需求层次和消费能力，也间接决定了城市持续发展的经济基础。因此，选择恰当的产业是产城融合模式赖以维系的核心所在。英国斯蒂芬内奇新城从勃兴到衰退的历程表明，不仅产业选择对于新城活力的维持至关重要，而且产业组织结构也会影响新城发展的可持续性。特别是对于中小型产业新城，如果过分依赖于单一产业或者少数大企业，很可能将面临产业衰退进而引发城市没落危机。新城人口和就业结构的变化具有一般性的规律。在新城发展的初级阶段，制造业快速发展创造出大量的工作机会，用工需求导致产业工人大量迁入。一方面，在人口规模上，当地人口总量迅速增长；另一方面，在就业结构上，新增就业人口中制造业工人的占比很大。随着产业的发展，制造业工人的占比会不断提高。当产业新城发展进入成熟阶段后，随着二、三次产业结构的变化，第二产业吸纳就业的能力下降，第三产业从业人员比例随着产业的发展不断提高。按照这一规律，新城的产业选择应该具有动态性，能够根据区域经济发展阶段及时对产业结构做出调整是产城融合发展的保障。

第三，发展产业新城需要各类社会资源共同参与。国外的经验显示，政府要重视新城建设专门立法，加强制度保障和新城建设指导。例如，英国新城建设依照《1946年新城法》和《1976年新城法》开展实施，法国制定了《1960年新城法》和《1983年新城法》，美国1968年颁布了《新城开发法》、1970年颁布了《住房和城市发展法》，日本出台了《新住宅街市地开发法》和《土地区划整理法》。新城规划法律一般对组织结构、建设资金安排、土地政策、环境保护和标准等进行了详细规定，通过多种渠道保障持续、充足的建设资金。新城建设需要大量的资金投入，资金供给对新城建设至关重要。虽然政府资金常常不可或缺，但更为重要的是吸引社会资本的广泛参与。政府资金和社会资金的不同组合也形成了不同的开发模式。一是政府主导模式，即通过政府设立新城建设开发公司，承担决策者和建设者的职能，负责编制城市规划、征地、开发、管理、销售土地、建造房屋以及提供基础设施和社会事业设施等职能。资金由中央政府全权负责，国家在地方财税方面给予优惠政策支持。二是美国公私合建模式，即政府通过立法允许私人开发公司承担土地开发和新城建设任务，政府在土地使用规划框架内对新城建设给予一定帮助，地方政府也可以和私人开发商共同开发。三是日本铁路新城模式，即新城的建设主要依托私营铁路的延伸，政府通过开放铁道线附近土地的专营权，制定开发规则以吸引民间资本，国家和地方公共团体共同承担铁路建设和新城开发的责任[①]。

---

① 《国内外产业新城发展经验及案例》，http：//www.docin.com，2017。

评 价 篇

第十一章
产业新城竞争力指标体系

产业新城的内涵界定重点从三个方面展开。

其一，核心在"产业"，一个成功的产业新城必须要有明确的支柱产业，且该产业必须在城市 GDP 中占有一定比重，以形成以一种或多种产业为驱动力从而带动整个城市发展的新型发展模式，与此同时还需要有支柱产业外的辅助产业，共同组成一个具备较强抗风险能力的产业体系。

其二，关键在"新"，"新"不是指必须新建或新开发，而是强调要独立于主城区以外。其概念是相对于老城区，强调的是是在老城周边建立的新的反磁力增长地区，而非对老城区的改造。同时，"新"还体现在运营模式的优势和创新，产业新城不再是传统的单一政府直接开发的模式，而是更多地强调政企合作，通过一些市场化的手段共同促进新城的建设运营和发展。

其三，根本在"城"，产业新城区别于传统产业园区的根本，便是具有完整的城市功能，这就要求除了产业的基本配套，还需要有完备的城市市政、生活、住宅、商业、教育医疗和休闲娱乐等功能配套，各类功能用地配比须科学合理，形成一个真正意义上的"城"。

据此，本书提出以下准入性分步研判体系。第一步是门槛型定性研判。需要考察：（1）是否有一个或多个明确的支柱产业，产业占比在城市GDP中占比达到20%；（2）是否是独立于主城区建成的新的反磁力增长点；（3）是否是政府与企业合作的市场化运作体系；（4）是否同时具备产业发展配套、市政配套、生活配套、住宅配套、商业配套、教育医疗配套、休闲娱乐配套。

表 11-1 产业新城定性研判标准

产业新城评判依据	具体描述
城市均衡发展	城市升级和产业升级相结合的总体发展模式；完备的城市形态、完善的城市功能、完美的城市风貌；城市建筑与产业发展相结合
多元化的产业结构	以一种或多种产业为驱动力从而带动整个城市发展的新型发展模式，产业结构非单一性，产业配套完善
便捷的交通网络	新城与中心城之间要有便捷的交通系统相连接；新城内部交通要充分考虑公交系统、步行系统和主要交通干道的合理性和便捷性
优惠的政策	政府在立法和政策上对产业新城建设给予支持
完善的配套	高标准、完善的各类配套
市场化的运作机制	以市场为导向的投资机制，政府职能的企业化运作，形成产业新城自身造血机能

第二步是具体化定量研判。在第一步的基础上，选取满足基本门槛的待评估项目，进一步展开定量研判。定量研判从区域面积、吸纳人口数、人口密度等角度进一步细化展开。

表 11-2 产业新城定量研判标准

判定指标	判定准则
人口密度	不低于2000人/平方公里
本地就业人数占比	不低于65%
产业用地占比	不低于40%
人居用地占比	不低于30%
公建配套用地占比	不低于20%

一 指标遴选原则

产业新城项目的建设是一个多因素、多目标、多层次的复杂工程，涉及城市规划、国土资源、交通、环保、住房与建设等多部门、多方面，所以影响产业新城竞争力指标评价的因子也复杂多样、彼此相关。单一的指标不能综合反映评价系统的内在特征和综合效益，因此评价指标的选取既要体现系统的内部结构，又要反映系统与外在环境的关系。选取指标时主要遵守以下原则：

（1）科学性原则。评价指标的科学性体现在指标的体系结构上，产业新城竞争力的评价指标体系应当能够反映整个新城的经济、社会、生态和文化等多个系统的竞争力水平以及各个子系统的情况，即单个指标在理论上应该是比较完善的，能客观、真实地反映项目特征。此外，基础数据的获取、评价因子的选择、相关权重的计算等，都必须科学合理。

（2）全面性原则。由于产业新城竞争力评价涉及经济、社会、环境等多方面，选取指标时应具有全面性，要综合考虑区域区位因素、土地利用、交通运输、经济发展、公共服务、可持续发展等要求。

（3）独立性原则。指标体系中应该尽量排除密切相关的指标，只有选用相互独立的指标才能获得最优的评价方案，才能对产业新城竞争力水平进行切合实际的比较和评价。

（4）可调整原则。由于发展状况、区域条件的不同，各个产业新城项目的发展路径和与城市互动的情况不同，选取的指标类别、权重都可能改变。故指标取值要在一个合理的范围内，随着人们认识水平的提高和外界客观条件的改变具有一定弹性。指标要能用于不同区域间、不同发展时期的比较，从而反映项目发展水平的特点和差异。

（5）可行性原则。建立层次复杂、数量众多的因子，会导致数据处理变得困难，并可能影响结果的正确性、精确性。因此建立评价指标体系时，要保证评价体系本身的可操作性和集约性。指标数据应选取易于通过统计资料、抽样调查或者直接从有关部门获得，有一定的可操作性，并且易于计算、具有代表性的因子[1]。

二 指标体系构建方法

产业新城竞争力评价指标体系的建立是进行评价的重要前提。其基本思路是以产业新城竞争力的多维组成因素为基础，以评价目标为导向，以指标选择原则为标准，结合不同产业新城模式的特点，进行评价指标的筛选。评价体系所涉及的因素很多，含可量化与不可量化两类，因此应该从所有相关指标中提取具有代表性的定量化信息，构成体系化的指标系统。将这些指标按系统的运行机理和逻辑形式联合起来，以说明系统的整体行为规律，进而构成指标体系。

评价指标的筛选步骤如下。

（1）单个指标特性测试。对调查总结提出初步的候选评价指标体系后，要对其进行完整的评估测试，判断单个指标的有效性以及与整个指标体系的一致性。单个指标特性测试着重于可衡量性、及时性、相关性、重要性。可从该指标是否可理解、是否可信、是否可衡量、其数据是否可低成本获取、是否与评价目标一致五个方面进行测试。如果该指标被测试为"否"，则该指标需要被重新考虑、更正和修改，重新进行测试；如果该指标被测试为"是"，说明指标可行。完成候选指标体系中全部单个指标的测试后，可以进行下一步。

（2）指标相互关系测试。在此测试中指标的相互关系被定义为相关和不相关。相关是指两个指标是针对相同或相似目标的测试，如果两个指标在指标体系中完成的任务是相同或者相似的，同时存在就是一种冗余，该删除

---

[1] 卢毅、卢正宇、王礼志、邓小华：《公路建设项目节约集约用地评价指标体系研究》，《中外公路》2009 年 10 月 19 日。

其中之一。如果两个指标不相关，即两个指标评价的作用无关，相互之间没有影响，则可同时存在于指标体系中[①]。

三 核心指标选取方法

核心指标是在建立评价指标体系框架的基础上，按照一定的条件、原则和方法，从中选择并确定若干核心的、具有代表性的重要要素指标，从而能够简明扼要地从不同侧面对各类产业新城的竞争力做出评价。本书中核心指标的选择主要是在考虑代表性、重要性、可获得性和可量化性四个原则的基础上，采用德尔菲法计算各指标的总频度和重要性分值来获得。项目组从产业新城竞争力评价指标体系中提出要素指标，咨询有关专家的意见，按照核心指标选择的原则对现有要素指标进行调查，最后选择出现几率高的指标。

本次产业新城竞争力评价核心指标的确定，选择了来自城市规划管理部门、开发区建设相关部门、公共产品项目建设相关部门、高等院校、科研院所、产业新城开发运营商等不同单位、不同背景的专家共8名，请每位专家对初拟的产业新城竞争力评价指标体系框架中的全部单项要素指标，先按对产业新城竞争力评价的重要性选择 n 个指标并按照重要程度进行排序，再根据专家排序结果按等差递减顺序原则进行重要性赋值（即第1名重要性分值赋为 n，第2名重要性分值赋为 n-1，第3名重要性分值赋为 n-2，以此类推），统计得到 n 个要素指标的重要性排序。最后，基于核心指标选择的代表性、重要性、可获得性和可量化性四个基本原则，确定最终入选的 n 个产业新城竞争力评价核心指标。

四 指标体系建立

为了建立更加科学完善的指标体系以衡量诸多产业新城的竞争力水平，

[①] 任志武：《基于GIS的保山市土地生态环境脆弱性评价研究》，昆明理工大学硕士论文，2011年4月1日。

此处对产业新城的综合竞争力进行界定。本书认为，产业新城的综合竞争力主要体现在，在产业集聚与发展势头良好的基础上，拥有较为完善的城市配套和基础设施，且能整合其自身经济资源、社会资源、环境资源与文化资源参与区域资源分配竞争乃至国际资源分配竞争的能力。包括但不限于以下方面：(1) 城市均衡发展。城市升级与产业升级相结合的总体发展模式；完备的城市形态、完善的城市功能、完美的城市风貌相融合；城市建筑与产业发展相结合。(2) 多元化的产业结构。以一种或多种产业为驱动力从而带动整个城市发展的新型发展模式。产业结构非单一性，产业配套完备。(3) 便捷的交通。新城与中心城之间要有便捷的交通系统相连接。新城内部的交通要充分考虑公交系统、步行系统和主要交通干道的合理性和便捷性。(4) 优惠的政策。政府在立法和政策上对新城建设给予支持。(5) 完善配套。高标准、完善的各类配套。(6) 市场化的运作机制。市场为导向的投资机制，政府职能的企业化运作利于新城造血机能的形成。

基于前述指标体系构建与核心指标选择方法，经多次考量，本书对准则层、次准则层、指标层进行反复设计，初步确定产业集聚与发展竞争力、城市配套建设与发展竞争力、产城融合可持续发展竞争力作为三大准则层，分11大次准则层，最终建立包含45个指标的体系，如表11-3所示。

表11-3 产业新城竞争力系统评价指标设计

准则层	次准则层	指标层	指标详情	备注
产业集聚与发展竞争力	产业规模指数（10%）	企业规模指数	企业总数或企业入驻率	
		就业规模指数	就业总人数	
		产业财富创造能力	企业年总产值	
		核心产业带动力	核心产业占总产值的比重	需要核心产业产值和总产值
		辅助产业抗风险能力	打分评估	

续表

准则层	次准则层	指标层	指标详情	备注
产业集聚与发展竞争力	产业集聚指数（10%）	产业产出强度	单位面积的产业产值或营业收入	
		企业固定资产集中度	单位面积上的企业固定资产规模	需要企业总的固定资产规模值
		企业就业集中度	单位面积上的企业从业人员数	
	产业国际化指数（7%）	利用外资总额	利用外资总量	
		签订外资合同数	签订外资合同数	
		外资企业数	新城内引入外资企业数	
		企业进出口	企业进出口差额	
		外籍从业人员规模	企业外籍从业人员占比	
	产业贡献度（8%）	产品的市场认同度	打分或问卷	
		企业利税贡献度	新城内企业利税总额占比	需要新城内企业利税总额和整个城市的利税总额
		企业增值税贡献度	新城内企业增值税总额占比	需要新城内企业增值税总额和整个城市的增值税总额
		地方就业贡献度	本地就业人数/地方总就业人数	
城市配套建设与发展竞争力	产业配套设施得分（15%）	生产配套	生产配套占总面积的比重	厂房、车间、写字楼等
		服务配套	服务配套占总面积的比重	数据、借贷、会议、酒店、展销等
		管理配套	管理配套占总面积的比重	企业总部、咨询机构等
		集散配套	集散配套占总面积的比重	道路、车站、物流图等
		创新配套	创新配套占总面积的比重	研发中心、孵化器、实验室等
	交通配套得分（10%）	对外交通设施	连接周边其他城市的交通线路总数	
		基础设施投资	新城内基础设施建设投资额	
		园区内交通配套	新城内道路网密度	
		与老城区交通连接度	连接原有城区的公路总数	
	城市功能完善度（10%）	商业配套	商业配套建筑占总面积的比重	如超市、购物中心、特色商业街、邻里中心等
		住宅配套	住宅配套建筑占总面积的比重	如倒班公寓、产业人群居住区、高端居住区等

第十一章 产业新城竞争力指标体系

续表

准则层	次准则层	指标层	指标详情	备注
城市配套建设与发展竞争力	城市功能完善度（10%）	教育配套	幼儿园、中小学及以上的学校数量	如中小学、幼儿园、大学等
		医疗配套	人均医院卫生院床位数	医院、卫生院年底实有床位数/人口数
		休闲旅游配套	休闲旅游和娱乐用地占比	如文化休闲中心、会所、影剧院、博物馆、展示厅、图书馆、主题公园等
			星级酒店床位数	
		用地配比科学度	打分	根据人居、产业和公建配套用地情况进行科学性评估和打分
产城融合可持续发展竞争力	经济竞争力指数（8%）	城市与经济规模	区域总面积	
			吸纳总人口规模	
		经济发展效率	企业总产值年增长率	
			新城内人均总产值	
	社会竞争力指数（8%）	生活宜居度	打分	根据可达性、便捷性等情况打分
		住宅品质	打分	根据住宅的总体情况进行打分
		职住平衡度	打分	根据基本通勤时间，交通线路规划等进行打分
	文化竞争力指数（7%）	企业文化植入指数	打分	根据有无企业文化植入活动、企业文化在新城内认可度等情况打分
		文化建筑和景观指数	打分	根据新城内有无地标性文化建筑和景观及其数量和分布情况进行打分
		文化生活丰富度及参与频率	打分	根据新城内文化生活丰富程度、文化活动举办情况和居民参与情况进行打分
	生态竞争力指数（7%）	环境资源指数	打分	根据地区自然和各类环境资源的情况打分
		环境质量指数	打分	结合现有环境质量评分体系
		环境改善投资	规划的环境改善和环保设施建设投入总额	

全指标体系分三大主要部分，即产业集聚与发展竞争力、城市配套建设与发展竞争力、产城融合可持续发展竞争力。其中，产业集聚与发展竞争力包含产业规模指数、产业集聚指数、产业国际化指数和产业贡献度，每一次准则层下设多个具体指标，用于描绘产业新城项目的主导产业的核心带动作用、辅助产业的抗风险能力，以及由这些产业共同带动的产业集聚和地区贡献情况。城市配套建设与发展竞争力从园区基本情况出发，将园区视作一个微型城市，从城市的视角去分析包含生产配套、住宅配套、商业配套、教育医疗配套和文旅配套在内的各项城市功能的完善程度，以衡量整个园区/新城的反磁力能力。产城融合可持续发展竞争力，是在综合考虑产业和城市各项指标的基础上，从经济、社会、文化、生态四个子系统出发，描述整个产业新城的可持续发展竞争力。

第十二章
产业新城竞争力评价结果

一 样本数据及来源

产业新城的竞争力不仅体现在项目本身，运营商的能力也会影响产业新城的建设质量与运作效率。本文从产业新城项目出发，通过"产业""新"与"城"三个维度的准入性评判，在全国范围收集、筛选出符合标准的项目样本49个，在此基础上，根据项目隶属企业选出产业新城运营商29个，参见图12-1。

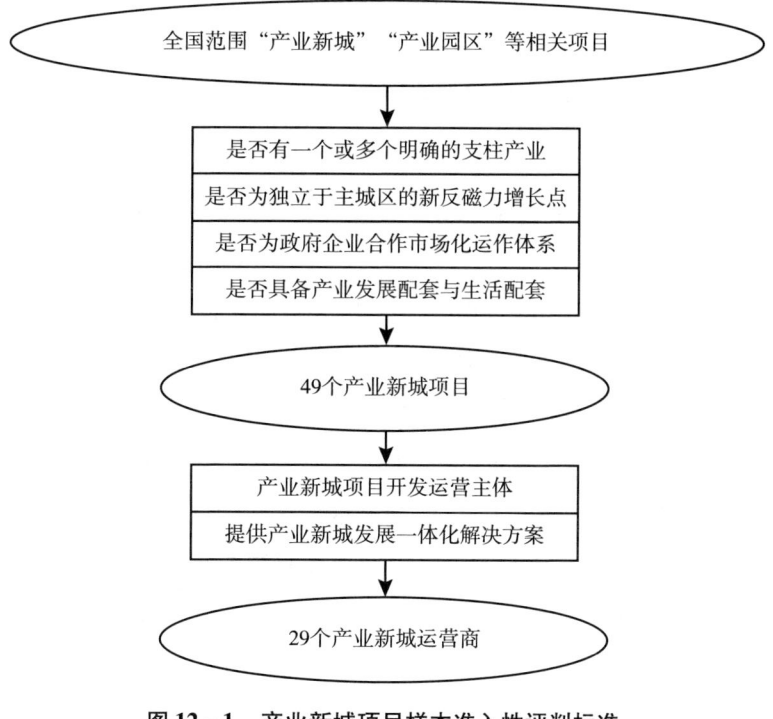

图 12-1 产业新城项目样本准入性评判标准

本书研究资料与数据一部分通过公开渠道获取，包括企业年报、企业签订备忘录、企业官网、中央及地方政府统计年鉴等途径；另一部分，根据产业新城竞争力指标体系设计调研表，联系相关企业及项目进行填报，获得园区产业集聚与发展、新城配套设施建设、产城融合程度等方面的一手数据；此外本书特设调研小组，选取经典项目及企业进行访谈和调研，征询行业内权威学者与专家意见，从而进一步补充数据信息，为之后的测评排名与深度分析提供扎实的基础。

综合考虑产业新城的可持续发展能力、产业集聚与发展能力、城市配套与建设情况，筛选出全国目前开发较为成熟的产业新城项目有河北固安产业新城、江苏溧水产业新城、上海张江高科技园区、苏州工业园区、嘉善产业新城、万科杭州良渚产业小镇、北京电子城朔州数码港等项目。

二 入榜产业新城主要运营商评价及榜单

（一）产业新城运营商分类概览

按照运营商的发展历程、主营业务、所属领域等标准，可将全国规模较大的百余家产业新城运营商分为以下三类，即传统房地产转型企业、专业产业地产企业以及产业主体企业。其中产业主体企业根据主营业务和设计领域可细分为传统制造业、金融、物流等三类产业，参见表12-1。

第一类，传统房地产转型企业。随着我国新型城镇化建设的不断推进以及产业结构不断升级优化，买地盖房子、卖楼赚大钱的模式不可能永远持续，传统的住宅开发模式已经无法给企业带来长久而高水平的利润，在政策调整的大环境下，"房子是用来住的，不是用来炒的"，这一政策定位也将给住宅买卖带来冲击，未来我国整体投资发展环境将是打压短期套利、资金向实体经济转移。而产业新城顺应我国城镇化建设趋势，具有极大的未来发展前景，是多家实力房地产企业转型以及多元发展的新选择。传统房地产企业开发经验丰富、土地储备雄厚，在产业新城的开发阶段具有相对优势，但由于缺乏相应的产业人才、资源与能力，可能在后续运营上面临挑战。对于传统房地产企业来说，应坚持"先配套后产业"的发展思路，充分发挥城市配套建设优势，引进专业的产业运营管理团队实现优势互补。

第二类，专业产业地产企业。在"产城融合"的精神指导下，不少专业的产业地产企业、产业新城企业凭借多年的运营管理经验、多元化的业务模式以及雄厚的资金实力，不断创新和发展产业新城项目，部分专业产业新城运营商借助其独特的业务模式在竞争中脱颖而出，如华夏幸福、天安数码城、招商蛇口、张江高科等。专业的产业地产企业、产业新城企业具备产业基础与产业开发经验，在产业招商、产业培育、园区运营上能力较强，已经在行业内累积一定的品牌优势与资源，但产业新城囊括面积广、建设范围大、运营周期长，在融资成本与投资回报上面临比较大的挑战，同时产业新城多需与政府合作，在其中运营商尤其是民企将面临比较大的沟通压力。如今，产业新城的发展已进入快速发展通道，众多新型的市场主体急速涌入产业新城运营领域，行业参与主体愈发多元，尽管专业的产业新城运营商拥有进入市场的相对优势，但对于将来能否在更加激励的竞争中守住地位这一问题，应当予以重视。

第三类，产业主体企业。与房地产企业不同，产业主体企业主要依靠自身的产业资源推进产业新城的建设，这意味着在新城建设之前，主导产业与整体格局便有了大致规划，在"新城"的开发建设中，产业主体企业由于自身产业品牌优势强、母公司资源丰富，在招商投资环节具有较大优势，但与之相对的是，产业新城的建设不仅依靠产业的发展，还重视城市建设与发展，在这一方面，企业可能面临运营能力不足、配套建设经验缺乏等问题。根据主营业务和设计领域，产业主体企业可细分为传统制造业、金融、物流等三类产业，如海尔、联想、普洛斯等。传统制造业在过去一直是我国工业化、现代化与经济高速发展的支柱，尽管当下面临产业结构转型升级的问题，依然具有产业资源优势。

表 12-1 产业新城运营商分类与评价

类别		代表企业	优势	挑战
传统房地产		万科、绿地、富力、碧桂园、世茂、招商局、绿城、首创、远洋、中粮、中国金茂、恒大地产、中信地产、北京电子城	住宅开发经验丰富；土地储备雄厚；业务板块协同；资金相对充裕；城市布局相对较广	缺乏相关产业人才；缺乏相应产业资源；运营能力不足
产业地产		华夏幸福、天安数码城、联东U谷、张江高科、招商蛇口、清华科技园、中新集团、宏泰发展、亿达中国、卓尔发展、坤鼎集团、中南建设、南京高科、启迪协信、天津泰达、深圳投控、苏州高新、清华控股、毅德控股、五洲国际、上海临港、华发城市运营、星河产业集团	有一定的产业基础；运营能力强；创新能力强；积累品牌优势与政治资源	融资成本相对较高；投资回报相对较长；与政府合作沟通存在压力
产业主体	传统制造	中国汽车零部件工业公司、海凭国际、复星集团、银泰集团、富士康、TCL、华为、中兴、海尔、联想、三一重工、玉柴集团、如意集团	产业资源丰富；产业品牌优势；土地资源获取优势	运营能力不足；配套建设经验缺乏；融资渠道相对有限；产业结构易失衡
	金融物流	普洛斯、华南城、绿野资本、安博、嘉民、丰树、万通控股、天赋资本、湖北高投、京东	创新能力强；产业品牌优势；依托母公司资源优势	运营能力不足；配套建设经验缺乏；融资渠道相对有限

（二）产业新城运营商评价具体思路

在产业新城竞争力评价的基础上，本书进一步界定并评估现有产业新城运营商，发掘国内综合运营实力强、创新能力突出、成长潜力大的产业新城运营商，追踪其过去一年产业新城项目变化以及企业运营模式的创新方向，总结其成功运营的核心价值要素，推介优秀产业新城项目及运营商的发展经验，发挥其在中国产业转型升级中的示范作用，为行业发展提供借鉴。

本书认为，一个产业新城运营商应该是以开发运营产业新城为发展方向，实现资源整合，提供专业化、市场化服务平台，并且促进产业集群形成、完善城市功能、实现产城融合，建设集产业、居住、生活为一体的宜居产业新城，为城乡区域的规划、投资、运营、管理等提供综合解决方案的运营商。据此，在运营商的评价层面，本书采用项目得分与企业经营得分双核支撑的评估体系，选取产业新城综合竞争力 TOP30 的运营商，根据"70% 项目竞争力得分 +30% 企业经营与管理能力得分"的结果作为评价依据①，其中企业经营与管理能力的具体指标体系如表 12 – 2 所示。

表 12 – 2 产业新城运营商经营管理能力评价指标

准则层	次准则层	指标层	指标详情
企业经营与管理能力	经营规模	整体资产规模	资产总额
		营业收入规模	营业收入总额
		营业收入结构	住宅销售业务、产业相关业务、产业投资业务等占比
	赢利能力	盈利规模	净利润规模
		盈利质量	净利润率
	融资能力	融资规模	融资总额
		融资模式	PPP 或其他模式
	财务稳健	流动比率	流动资产与流动负债的比率
		资产负债率	总负债与总资产的比率
	运营效率	总资产周转率	销售收入/总资产

本书除收集上市公司年报、招股说明书、企业官网等公开资料和渠道外，还对全国范围内的产业新城项目以及运营企业进行深度调研访谈，包括对项目及企业的数据收集、对企业高管的深入访谈、对入驻园区企业以及园内就业员工进行调查等，以期把握我国产业新城及运营商的变化，为行业发展提供借鉴。

（三）产业新城运营商榜单

● 产业培育和发展能力榜

排名	企业名称
1	华夏幸福基业股份有限公司
2	上海张江高科技园区开发股份有限公司
3	中新苏州工业园区开发集团股份有限公司

---

① 入选项目多者取最高分。

续表

排名	企业名称
4	深圳招商局蛇口工业区控股股份有限公司
5	天津泰达投资控股有限公司

- 城市建设和配套能力榜

排名	企业名称
1	华夏幸福基业股份有限公司
2	中新苏州工业园区开发集团股份有限公司
3	天津泰达投资控股有限公司
4	上海张江高科技园区开发股份有限公司
5	北京北大资源地产有限公司

- 产业新城运营商城市建设与运营排行榜

排名	企业名称
1	绿地控股集团有限公司
2	深圳招商局蛇口工业区控股股份有限公司
3	荣盛房地产发展股份有限公司
4	隆基泰和实业有限公司
5	北京北大资源地产有限公司
6	华夏幸福基业股份有限公司
7	亿达中国控股有限公司
8	中新苏州工业园区开发集团股份有限公司
9	天津泰达投资控股有限公司
10	上海张江高科技园区开发股份有限公司

- 产业新城运营商可持续竞争力排行榜

排名	企业名称
1	华夏幸福基业股份有限公司
2	上海张江高科技园区开发股份有限公司
3	深圳招商局蛇口工业区控股股份有限公司

第十二章 产业新城竞争力评价结果

续表

排名	企业名称
4	中新苏州工业园区开发集团股份有限公司
5	天津泰达投资控股有限公司
6	启迪协信科技城投资集团有限公司
7	亿达中国控股有限公司
8	天安数码城(集团)有限公司
9	上海临港经济发展(集团)有限公司
10	珠海华发城市运营投资控股有限公司

热 点 篇

第十三章
回顾：产业新城与中国改革开放四十年

1978年，一场深刻的社会变革——改革开放为中国带来了新的机遇与活力，四十年来，这场波澜壮阔的改革实践，经历艰辛探索，走出了一条具有中国特色的社会主义现代化建设之路，取得了举世瞩目的辉煌成就，在行政制度、经济发展、社会文化、城镇建设等多方面创造了极富价值的改革经验。回顾过往的四十年，经济、政治、文化、社会等多个领域都经历了多次的改革浪潮，交织着共同推动下一个浪头。在这其中，产业与城市，两个既关乎经济又影响民生的突出主体，是改革开放进程中格外引人瞩目的重要推动力，而结合了两者的产业新城，继承了历史洪流沉淀下的宝贵经验，也为我国下一步的产业结构升级、城镇建设与深化改革起到推波助澜的关键作用。

一 改革开放前的尝试、设想与调整（1949~1978年）

改革对于国家来说是一个永恒的话题，无论是美国"罗斯福新政"提出"国家干预政策",还是英国撒切尔"国企私有化"掀起新公共管理的浪潮,在特定的时间与空间情境下,改革能够去除旧的弊端,为国家带来全新的活力与更为持久的生命力。当代中国真正意义上的改革以十一届三中全会的召开为标志,但早期以毛泽东为核心的第一代中央领导集体,对传统体制的弊端进行了大量尝试与调整,取得了宝贵的经验,并为1978年的改革开放进行了必要的理论准备,奠定了根本的制度基础。

新中国成立初期,我国多方面建设主要秉承"以苏为鉴"的理念,通过学习经济上实行公有制、政治上实行由共产党领导的无产阶级专政、思想上以马克思列宁主义为指导的苏联模式,推行农业集体化运动,大力发展工业化,同时充分考虑其体制存在的经济统得过死、中央工业部门管得过多、各产业的比重长期失调、中央权力过于集中等问题,在关系调整中做出大量适合中国情况的社会主义建设道路的基本构想。如在经济方面,提高农业、轻工业投资的比例,更加注意沿海工业,同时增加内地建厂,处理好公私关系、提高个人积极性;在政治方面,注意中央集中与地方自治的关系,对于民主党派,要既团结又斗争;在民族关系方面,既要反对大汉族主义、不歧视少数民族,又要真心诚意地帮助少数民族发展经济;要明白人是建设的核心,是各生产要素的关键,要注重调动人的积极性;在对待经验的态度上,一切民族、一切国家的长处都要学,用分析的、辩证的、不卑不亢的态度学习外国科技文化。

前期的基本构想强调产业结构的把控,让工业化带动经济发展的同时不可过于忽视农业与轻工业的发展,强调人在建设开发中的关键作用,强调积极学习国外先进技术与方法,这些思想即使放在今天依然具有很强的解释与指导意义,而产业新城的建设理念注重产业结构的再调整,强调以人为核心、以产兴城、产城融合,在实践中积极借鉴国外新城建设经验,与四十余年前的社会主义建设构想基本吻合。然而遗憾的是,受"大跃进"和浮夸风影响,这些构想没能被真正落实,经济建设、城镇化的步伐一度停滞。

1956年,社会主义改造胜利完成、社会主义基本制度初步确立,中国共产党第八次全国代表大会召开,科学地判断了当时中国社会的主要矛盾,提出了改革党和国家领导体制的思想。首先，要求党和国家的工作重点必须转移到社会主义建设上来。会议指出，"我们国内的主要矛盾，已经是人民对于建立先进的工业国的要求同落后的农业国的现实之间的矛盾，已经是人民对于经济文化迅速发展的需要同当前经济文化不能满足人民需要的状况之间的矛盾。这一矛盾的实质，在我国社会主义制度已建立的情况下，也就是先进的社会主义制度同落后的社会生产力之间的矛盾。"要解决这一矛盾，第一，重点建设落后的工业，推进国家经济的发展；第二，探索调整党和国家领导制度，针对中央统得过死的问题，决定从权限划分、决策机制和执行机制下手，将属于全国性质的问题交给中央处理，属于地方性质的问题交由地方处理；在决策过程中上级需参考下级意见，展开讨论，下级也应表达观点，提交建议；第三，健全社会主义法制，要建立完备的法制体系，加强法治思想教育，加强司法机关尤其是检察机关的组织，加强党对法制工作的领导。中共八大对于社会主要矛盾、党和全国工作重心的正确判断，可以视作对于当时"左"倾氛围的一种纠偏，然而"大跃进"全面铺开与"文化大革命"爆发，农村建立了政社合一的人民公社制度，城市经济方面各地基础建设项目骤增、职工数量迅速上升，与供应不足的原材料、设备形成矛盾，导致计划失控、生产秩序混乱。城市建设与产业调整再次陷入僵局。

二　改革开放的初步探索（1978～1991年）

1978年，十一届三中全会拉开了改革开放伟大事业的帷幕，1984年十二届三中全会通过《中共中央关于经济体制改革的决定》，进一步强调在多方面、多领域改革的必要性，在解放思想、实事求是的思想指导下，通过家庭联产承包责任制对农村经营体制进行改革，释放农村劳动力；由社队企业转型，迅速发展乡镇企业，为农民增收的同时带动了农村劳动力向城市的转移，开启了城镇化的进程，农业、工业发展得到有力支撑，产业园区初现雏形；试办经济特区，以沿海城市为中心、产业园区为平台，引入大量外商投资，实现初步对外开放。

农村劳动力释放,开启了城镇化建设的进程。十一届三中全会确立了以经济建设为中心的工作重点,开启了经济高速发展的"中国奇迹"。而在改革初级阶段,农村劳动力的释放起到了不可忽视的重要作用。农业生产合作社统得过多、过死,导致生产秩序混乱,低农业产出给农产品供给、人民温饱带来了巨大压力。十一届三中全会以后,家庭联产责任承包制逐渐铺开,良好的实践效果推动了中央一号文件——《中国农村工作会议纪要》的颁布。该文件确立"集体经济建立生产责任制长期不变,包括包产到组、包干到户、包产到户在内的所有的责任制形式都是社会主义制度的自我完善",1978~1984年间农业总产值增加42.23%,农民收入实际年增长率达到15.1%,国民收入增长率达到9.2%,其中农村贡献率达到63.7%。同时,人民公社的解体促使着原本以土法炼钢、试办工厂为主要目标的"公社工业"也开始转型,中央一号文件指出"鼓励集体和农民本着自愿互利的原则,将资金集中起来,联合兴办各种企业,尤其要支持兴办开发性事业",乡镇企业头上意识形态的帽子被摘掉,进入了迅速发展阶段。一方面,乡镇企业带动了农村经济发展,为国内总产值的高速递增做出巨大贡献;另一方面,乡镇企业带动了农民劳动力向城市的转移,为城镇建设提供了劳动力基础,推动了城镇化的建设。但由于是城镇化建设的初级阶段,产业的集聚、城市的升级都还未形成,城市基础建设与工业发展占据了主要内容。

设立经济特区,推动对外开放。农村的改革与实践成果,体现了群众的创新与智慧,而对外开放的推进则充分体现了我国政策推行自上而下的特点。在这其中,以经济特区为平台成立的各大产业园区起到了关键的作用。为解决当时所面临的外汇缺口与储蓄缺口,顺应全球发展的潮流,十一届三中全会提出"以出口创汇为核心,由政府提供优惠政策和激励措施,通过引进外资、技术和管理经验,打破封闭,发展以劳动密集型产业为基础的外向型经济"的对外开放思路,在综合考虑吸引外商投资能力、相对地理位置与经济改革风险等因素后,确立首批经济特区,通过相对灵活的关税、出入境手续、工资制度与金融政策等,吸引了大批外资和技术,扩大了外贸规模，同时特区内一系列产业园区的创办，如蛇口工业区，充分发挥了特区及其所在区域的要素禀赋优势，推动了特区的高速发展，也为随后的开发区建设提供了先进经验。1984年，在首批经济特区的成功经验基础上，中央做出进一步扩大对外开放的重大决策，选取天津、上海、大连等14个港口城市推行沿海地带对外开放，这些港口城市能够拥有更多的对外经济联系自主权，为外商投资提供仅次于经济特区的优惠政策，以增加城市吸引力，而最为重要的是，实行对外开放的港口城市有权兴办经济技术开发区，享受与经济特区相仿的便利政策。在中央精神与优惠政策的支持下，产业园区迅速进入发展阶段，1984~1992年期间，我国共设立大连经济技术开发区、秦皇岛经济技术开发区、天津经济技术开发区等14个国家级经济技术开发区，吸引了大量资本、技术与企业，推动了我国经济增长、产业集聚和城市建设的高速发展。

成立高新技术开发区，带动科技教育改革。产业园区除了对经济增长的贡献之外，还通过培育产业调整、研发比例提升，带动了我国改革开放初期科技教育的发展。随着十二届三中全会规划的经济体制改革方案展开，科技、教育的发展成为越来越迫切的战略性任务，1985年，中央颁布《中共中央关于科学技术体制改革的决定》，提出"经济建设必须依靠科学技术、科学技术工作必须面向经济建设"的战略方针，在运行机制方面，通过改革拨款制度，开拓技术市场，摆脱完全用行政手段管理科技工作的局面；在组织结构方面，要拉近研究机构和企业的距离，加速技术成果向生产能力转化的速度。在此方针指导下，1988年，我国设立第一个国家高新技术开发区"中关村新技术开发试验区"，充分调动了科技人员的积极性，至1992年，高新技术产业开发实验区企业飙升至1300余家，年工业产值从1988年的4.8亿元增加到12亿元，上缴税金从0.25亿元增加到1.5亿元，年出口创汇从300万美元增加到4500万美元，覆盖多个高新技术领域，带动了我国科技教育的改革与发展。

改革开放初步通过农村经济体制、企业自主权、科技教育发展的改革，挖掘了潜在的人口红利，通过经济特区、沿海地带的开放，打开了国门，引入了外资,在这其中,产业新城的前身产业园区发挥了巨大的作用,产业的初步集聚推动了工业化的发展,也支撑了制度的整体改革。

三 改革开放的全面推进(1992~2013年)

1992年,邓小平发表"南方谈话",提出社会主义制度与市场经济相结合,改革开放进入第二阶段。在此期间,我国以建立社会主义市场经济体制为目标,按照既定的基本框架,以国有企业和宏观调控体系建设为重点,分步骤、有次序地推进股份制、分税制、汇率并轨等经济改革,推进简政放权、法制建设等政治改革,完善基本公共服务均等化、社会保障制度建设等民生改革,通过以点带线、以线带面,全方位对外开放,从"引进来"为主转型到"引进来、走出去"并重的双向开放,积极加入世界组织实现制度化开放,在这其中,产业园区也进入了快速发展与升级变革的阶段,在推动城镇建设的同时,为进一步的对外开放提供了有力平台与靶点。

"南方谈话"开启了第二轮改革。1992年,邓小平在考察各地后进行了一系列观点阐述,明确了我国社会主义改革与开放路线的下一步工作方向。主要内容包括:第一,确认十一届三中全会以来的路线是正确的,改革开放的路线不能动摇;第二,改革是社会主义性质的,计划改市场并不是姓"社"改姓"资";第三,我国发展大有前景,社会主义国家的数量骤降并不意味着社会主义道路走不通,"我国经济发展隔几年上一个台阶,是能够办得到的","发展才是硬道理";第四,坚决反对资产阶级自由化,在整个改革开放过程中要坚持四项基本原则。"南方谈话"回答了什么是社会主义、如何建设社会主义的问题,推动确立了改革目标模式,明确我国社会主义市场经济体制改革的总体方向,为之后理顺产权关系、实行政企分开,加快培育市场体系,深化分配制度改革,加快转变政府职能等各项任务打下基础,为当代中国的改革与开放翻开了新的篇章。

以市场企业为中心,开展经济体制改革。1993年,十四届三中全会通过《中共中央关于建立社会主义市场经济体制若干问题的决定》,明确了社会主义市场经济体制的基本框架和改革任务，包括建立产权清晰、权责明确、政企分开、管理科学的现代企业制度，完善全国统一开放的市场体系，抓紧宏观调控体系改革，按照效率优先、兼顾公平的方针进行收入分配制度改革，实行多层次的社会保障制度。在这五项主要任务中，国有企业的改革与现代企业体制的建设是中心环节。尽管在改革开放的初步探索阶段，"放权让利"的国有企业改革的基本思路，释放了企业的部分活力，但产权界限模糊使自负盈亏、自主经营无法落到实处。1997年，十五大报告提出调整国企所有制结构的重大任务，并强调非国有经济的潜力，推动国企改革的同时探索公有制实现形式，鼓励企业实行股份制改革，抓好大的、放活小的，为市场经济注入企业活力。经济体制的改革促进了市场的发展与成熟，大量改制企业积极投入市场，形成了欣欣向荣之景，而不断增强的市场力量，出于降低成本、提高收益、合理经济溢出的目的，会自发形成产业集聚，从而促使产业园区进入了高速发展阶段。

以城市产业为主题，实现全面对外开放。党的十四大指出要"进一步扩大对外开放，更多更好地利用国外资金、资源、技术和管理经验"，从而扩大开放区域、扩宽外资领域、开拓国际市场。在城市方面，开放区域由原先的沿海地带向沿江、沿边、内陆城市扩展，1990年建设浦东新区，带动整个长江流域的对外开放，开放所有内陆省会，实行与沿海城市相仿的开放政策，进一步促使全方位开放格局的形成；在产业方面，开放领域由第二产业扩大至第三产业，如银行、保险、外贸等行业，工业与现代服务业齐头并进，共享外商资本与政策红利。在此阶段，产业园区作为外商引入、落地的重要载体，为"引进来"的开放政策起到了重要作用，技术溢出效应提高了园区生产水平，国外先进管理经验的引入推动了园区基本招商程序的营造，提升了整体运营效率，无论是数量还是规模上都在发展的产业新区在全国全面开花，产业集聚效应凸显，成为城市与区域的增长极。

以全球关系为纽带，顺应世界发展潮流。全球化的不断推进使中国不可能也不应该脱身于国际事态，亚洲金融危机的爆发使以往的单纯"引进来"不再适用，必须扩大对外投资水平、壮大跨国企业，顺应世界发展潮流，

"引进来"与"走出去"并重才能提高民族企业的国际竞争力,加强与国际各个国家的联系。2001年,中国正式加入世界贸易组织,有限的政策开放转为全面的制度开放,国内经济发展与产业格局迎来新的机遇和挑战。原本发挥巨大效应的产业园区,产业结构的不合理、资源利用的低效率带来了一系列生态环境恶化、区域经济发展不平衡、园区与中心城市多方面呈现巨大差距等问题,经济社会大形势的改变使得产业园区开始走向整体转型升级,以高新技术为主要发展对象,科技水平的提升反过来推进了我国经济发展的进一步提速,同时为"引进来"提供落地平台,为"走出去"提供起飞跳板。2004年,我国提出"互利共赢";2005年"十一五"规划明确"实施互利共赢的对外开放战略";2007年十七大报告提出"完善内外联动、互利共赢、安全高效的开放型经济体系",我国坚持全面对外开放的立场不会改变,深化改革的步伐也不会停止,而城镇化建设与产业结构的调整也顺应并推动着伟大事业的进程。

四 改革开放的全面深化时期(2013年至今)

2013年,十八届三中全会出台《中共中央关于全面深化改革若干重大问题的决定》,提出"全面深化改革",既是适应形势变化客观要求的整体安排,也是把握中国未来可持续发展的战略布局。与此前以经济改革为主要驱动因素相比,全面深化改革更加强调以社会改革、政治改革带动整体,坚持更深层次的改革与更广范围的开放。

推进全面深化改革促进多领域转型升级。全面深化改革围绕建立社会主义市场经济体制的目标,着重处理好政府与市场的关系,一方面使市场在资源配置中起决定性作用,另一方面更好发挥政府作用,同时以社会公平正义、增进人民福祉为出发点和落脚点,使效率与公平并重,进一步解放思想、进一步解放和发展社会生产力、进一步增强社会活力。全面深化改革要求紧紧围绕使市场在资源配置中起决定性作用,深化经济体制改革;紧紧围绕坚持党的领导、人民当家做主、依法治国有机统一,深化政治体制改革;

紧紧围绕建设社会主义核心价值体系、社会主义文化强国，深化文化体制改革；紧紧围绕更好保障和改善民生、促进社会公平正义，深化社会体制改革；紧紧围绕建设美丽中国，深化生态文明体制改革；紧紧围绕提高科学执政、民主执政、依法执政水平，深化党的建设制度改革①。这为各个领域与行业提出了新的要求，而2009年，在产业园区基础上摸索出来的产业新城模式，在不断发展成熟的过程中，为全面深化改革的多方面要求提供了落地的可能。产业新城通过公私部门合作（PPP）模式，在城市基础建设中引入社会资本，符合"市场在资源配置中起决定性作用"的经济改革要求，通过产城融合建设基础设施完备、居民服务多样的新城，符合"保障和改善民生"的社会体制改革，同时避免了以往产业园区产城分离、工住割裂的弊端，为小城市、小城镇为典型特征的新一轮城镇化提供了实践模板，符合十八大报告中"扩大国内需求，促进投资稳定增长和结构优化，积极稳妥推进城镇化"的城镇化建设要求。

扩大对外开放程度，布局"一带一路"倡议。2013年，习近平总书记提出"丝绸之路经济带"与"21世纪海上丝绸之路"的倡议布局（简称"一带一路"），建立由铁路、公路、航空、航海、油气管道、输电线路、通信网络组成的综合性立体互联互通的交通网络，通过万物互联、任务交互形成不同经济开发区、产业园区联动的经济走廊，通过开放、包容的格局建设促进欧亚各国的经济联系与相互合作，用创新的合作模式，以点带面，从线到片，逐步形成区域大合作。如果说中国之前的对外战略注重"引进来""走出去"，如今"一带一路"倡议的提出，更加强调"走在先、走在前"，通过形成陆海内外联动、东西双向互济的开放格局，打造互联互通的全球伙伴网络，形成中国与世界的利益共同体、责任共同体、命运共同体，融通中国梦与世界梦。而产业新城作为我国新型城镇化的丰富成果之一，既具有浓厚的中国特色，也借鉴了国外在新城建设中践行的经验与教训，能够解决不

---

① 习近平：《决胜全面建成小康社会 夺取新时代中国特色社会主义伟大胜利——在中国共产党第十九次全国代表大会上的报告》，《今日海南》2017年11月15日。

少发展中国家在转型期间面临的城镇化建设问题，具有极大的交流与推广意义。近年来，已有一些产业新城运营商与"一带一路"沿线国家进行合作，在增加企业跨国交流与互动的同时，促进了我国对外开放的进一步推进。

全面深化改革对多方面、多领域发展提出了新的要求，而一带一路的建设使我国对外开放程度再上一个台阶，在这股全面深化改革开放的浪潮中，产业新城作为在产业园区基础上摸索而生的新模式，继承原有园区对改革及开放推动力的同时，为新型城镇化建设与产业结构调整再添一把火。未来，产业新城必将成为我国继续推动经济发展、产业升级、城市建设、改革开放的重要措施与手段。

第十四章
展望：新时代产业新城高质量发展路径

党的十九大报告提出，我国经济已由高速增长阶段转向高质量发展阶段，正处在转变发展方式、优化经济结构、转换增长动力的攻关期，建设现代化经济体系是跨越关口的迫切要求和我国发展的战略目标。从"高速度"走向"高质量"的思路转变，意味着中国经济正在开启新时代。城镇化作为未来新的经济增长点和推动经济发展的最大引擎，作为推动质量、效率和动力三大变革的重要抓手，是迈向高质量发展的必由之路。高质量的城镇化，应该是以新发展理念为引领、以供给侧结构性改革为主线、以人的城镇化为核心，同时兼顾产业、土地、社会、农村的城镇化。

产业新城作为一种新型开发模式，是在新型城镇化背景下，以人为核心、以产业发展为基石、以"产城融合"为标志的城市发展创新模式和以人为本的城市开发哲学，为中国的新型城镇化提供了可资借鉴的模式样本。在新经济时代，产业新城如何继续保持高质量发展？本节从产业发展和新城建设双维度着眼，提出对未来发展路径的前瞻性判断：产业新城建设应当依靠合理规划并适度控制开发时序，促使产业新城公共配套设施建设不断完善，居住功能不断强化，达到产业新城内各类空间与功能的融合，满足就业人群的生产、生活需求，从根本上提高产业新城内的职住平衡度，使得产业新城内的城市建设与产业发展相互匹配，最终实现产业、配套及人员等要素的良性互动。

一 以"产业"为"立城"之本

产业作为产业新城的核心，只有其健康发展、多元并进、支柱产业与辅助产业相结合,才能为整个城市的建设与发展提供长久的驱动力。未来的产业新城将拥有集聚效应更强的产业规模、行业多元的产业结构、部署规划更国际化的产业战略、盘活区域更强的产业经济。

(一)产业规模增加,集聚效应提升

在产业的发展过程中,当一个特定领域内相关的企业由于相互之间的共性和互补性而紧密地联系在一起,形成一组在地理上相互联系、相互支撑的集中产业群,集聚效应就会产生。早在16世纪,西方经济学者便意识到集聚规模对于经济与产业发展的作用,亚当·斯密在其《国民财富的性质和原因的研究》中指出"产业集聚是由一群具有分工性质的企业为了完成某种产品的生产联合而组成的群体",马歇尔在《经济学原理》中提出由于外部经济的存在,产业集聚能够带来专业化投入与服务的发展、能够自然衍生产业所需的特定劳动力市场、通过溢出效应使集聚生产函数优于单个企业的生产效率及总和。

产业的集聚可以分为两个阶段,通过企业自身的扩大而产生集聚优势,或由各个企业通过相互联系与合作实现地方的工业化,后者层级水平更高,也易促进更强的集聚效应。产业新城的建设模式多以后者为目标,通过设立支柱产业拉动整体经济发展,加以辅助产业降低风险,推出优惠政策吸引相关企业,建设新城平台以有效地实现企业之间的沟通、合作与竞争,形成良好的互动关系,从而产生"1+1>2"的效果。外部经济理论指出,当一个空间内集聚同一产业的企业越多,就越有利于生产所需要素的汇总,这些要素可能是能源、运输、劳动力等直接资源,也可以是技术、人才等创新资源。由于产业的规模能够直接影响集聚效应的发挥程度,未来产业新城的建设将进一步扩大产业与就业规模,注重落地企业之间的联系性、相关性,从而提升现有的集聚效应,实现产业产出强度与效率的双提升,扩大新城以产业为根本的财富创造能力。

产业的集聚与城市的形成也有着紧密的联系。产业区位理论指出,大规模的企业区位有时能够形成一座新的城市,这要求区位需综合生产多方面的财货，并分别形成与之相关的其他产业区位，进而形成外部的城市化经济，也可反向增进集聚优势。产业新城所追求的目标不同于传统园区单一的经济或产业发展目标，而是力图打造满足多方需求、实现多元目标的区域发展载体，而产业的集聚能够促进城市化进程，支撑新城的高效运作，因而是产业新城未来建设的重点内容。当然，从产业链角度来看，单纯的企业集聚只是简单的"1+1"，并不能有效发挥集聚效应的真正作用，未来产业新城的建设可通过对产业链上下游的纵向延伸，在横向上注重高度相关企业的合作与竞争，增强产业链与产业集群之间的紧密联系，从而更好的发挥集聚效应。

（二）产业结构调整，更加合理多元

自新中国成立以来，我国宏观产业结构已历经三次变化，产业之间的比例关系正在逐步改善。从国内生产总值占比来看，以自然物为主要生产对象的第一产业比重呈现持续下降态势，其中种植业占据最主要地位；以加工制造业为代表的第二产业比重长期保持在40%~50%，对我国工业化进程的推进与经济迅速增长起到了重要的支持作用；以非物资生产为主的第三产业呈现不断增长的趋势，国际经验证明，第三产业的规模与占比将会不断增加，最终成为发达国家国民经济的重要支柱。以往的特定情境与历史原因使我国不断采取需求管理政策，走向了"产能过剩—增加投资以刺激需求—产能过剩加剧—再增加投资刺激需求"的恶性循环，粗放增长的模式带来了一系列经济发展、生态环境等问题，在经济新常态下我国必须从供给侧下手，调整产业结构，促进产业整体升级。目前不少产业新城依然以传统产业为主导，整体结构相对失衡，部分新城产业形式单一。

未来我国服务经济的地位将不断被抬高，城市化的快速发展将会带动第三产业部门投资的增长，尤其是将资本向房地产、城市基础设施建设中引入；工业依然会处于扩张期，但传统的低端制造业将不再具有发展潜力，《中国制造2025》提出中国制造业要按照"创新驱动、质量为先、绿色发展、结构优化、人才为本"的方针，整体由低端制造、模仿，向信息化、工业化高度融合的高端、创新制造强国转型。在此背景下，传统的产业将会

持续收缩，高端新兴产业迎来更大的发展机遇，以传统工业为核心的产业结构不再适用，新的产业形态与产业链将逐渐产生与演变。未来的产业新城将根据自身优势及特色，逐步调整产业结构，通过合理定位确认精准招商对象，注重引进现代服务业与高端新兴产业，促使新城运用更强的活力与更持久的生命力。

产业新城未来产业结构的设计可以注重以下方面。第一，对现有传统产业的优化升级。尽管传统产业粗放的发展模式已与人民日益增长的美好生活不相适应，但要认识到传统产业并不意味着落后，科学的改造升级既能够有效提升现有资源利用率，也可创造新的发展动力；第二，注重引入培育发展战略性新兴产业。战略性新兴产业是世界产业竞争的重点和焦点，为国家所重视，产业新城在产业结构规划时可注重引入与培育该类新兴产业，有力推进我国整体经济发展，华夏幸福坚持秉承科技创新引领产业结构转型，在结构设计上聚焦电子信息、高端装备、新能源汽车等十大战略性新兴重点产业，发挥了巨大的活力；第三，提高现代服务业占比。当前服务业已逐步成为国家经济发展的"稳定器"和"助推器"，提高现代服务业在整体产业结构中的占比并推进其与制造业的融合发展，将有利于提升产业整体质量。服务业可分为生产性服务业与生活性服务业，前者专业性强、产业融合度高、带动作用显著，能够有效促进产业新城的"产业"提升；后者关系到居住个体的生活舒适与便利程度，能够提高产业新城"城"的功能发挥，有利于"产城融合"的实现。

（三）产业战略升级，国际市场打开

20世纪80年代以来，随着科技水平的不断发展，经济全球化趋势越来越明显，国与国之间的交流愈发频繁。经济合作与发展组织（OECD）指出，"经济全球化是一种过程，在这个过程中，经济、市场、技术与通信形式都越来越具有全球特征，民族性和地方性在减少"。中国作为国际社会的重要一员，不可避免地要加入经济全球化的潮流中，因此必须加强与其他各国的经济联系与协调，通过分工、贸易、投资、要素流动，在更广层面实现

市场分工、协作与融合。经济全球化能够有效促进资源和生产要素在全球的合理配置，有利于资本和产品的全球性流动，促进科技在全球范围的扩张与应用，但经济的全球化也可能带来挑战与风险。产业新城作为我国新型城镇化的丰富成果之一，既具有浓厚的中国特色，也借鉴了国外在新城建设中践行的经验与教训，在日后的发展应将视野进一步打开，兼顾大胆与谨慎，在技术、资本、生产要素流动等方面与全球接轨，为更长远、更广阔的发展带来新的推动力。

产业新城与国际市场的合作可以从以下几个方面展开。首先，通过引入外资培育国内产业，共享发展红利。巨大的中国市场与完备的产业链条使得中国在吸引外商投资方面优势突出，美欧各国对华投资持续增长，跨国公司对华投资充满信心，而目前不少产业新城的外资引进规模也在扩大。产业新城的投资周期较长，融资规模较大，若能引入外资将部分缓解运营压力，为培育国内产业提供资金保障。其次，积极促进外资企业落地，增加就业的同时发挥鲶鱼效应。在企业招商方面，适当引入国外知名企业，在提供就业机会的同时，其先进的研发技术与成熟的管理模式也能够为国内类似产业提供可借鉴经验，在良性的合作与竞争中，通过鲶鱼效应激活各企业发展潜力，营造出共同发展、共同成长的良好氛围。最后，把握国际合作机遇，打开国门"走出去"。近年来，中国海外投资开始连续保持中高速增长，在全球各国对外投资规模排名中位列第二，仅次于美国，中国经济发展至今，"走出去"成为不少中国企业寻求更大生存与发展空间的内在需要，而国际市场，尤其是发展中国家也期待着中国资本的到来。"一带一路"倡议的推进为中国企业"走出去"创造了绝好的机遇，而产业新城背后蕴含的特色模式与宝贵经验，也将增加其在国际竞争中的相对优势。

二 以"城市"为"兴业"之基

具备完整的城市功能是产业新城区别于传统园区的根本差异，通过设立产业基本配套、城市市政、生活、住宅、商业、教育医疗和休闲娱乐等功能配套，成为独立于老城区的反磁力增长地区，只有建立具有完备基础设施与公共服务功能的"新型城区（镇）"，才能实现"以产兴城、以城带产、产城融合、城乡统筹"的多元目标，才能进一步推进我国城镇化建设。未来产业新城将不断完善公共基础设施、调配各类空间分布、不断强化居住功能，建设出集聚人口、满足需求，产业与城市、环境与人融合的新城。

（一）融资渠道多样，基础设施完善

公共基础设施是一个城市发展水平和文明程度的重要支撑，是城市经济和社会协调发展的物质条件，产业新城作为新城建设的开发模式之一，必须重视基础设施的完善。目前对于产业新城基础建设的评判标准主要沿用土地开发中的"几通几平"，最高标准为"九通一平"，即自然地貌平整、通雨水管线、通污水管线、通电信管道及电缆、通热力管线、通电力管线、通自来水管线、通天然气管线、通有线电视光缆以及通道路。然而产业新城不仅仅是一个单独的生产园区，还应具备完备的城市功能，这就要求基础设施建设标准要更加多元，与城市建设保持同一水平，除交通、能源、饮水、通信等供给外，还应完善环境保护、生命支持、信息网络等建设，为更好地发挥城市功能提供保障。目前大多产业新城基础设施依然以服务产业、企业的生产需求为导向，在未来的发展中会进一步完善生活需求的基础建设。

值得注意的是，城市基础设施建设对于资金投入的要求比较高，周期长、规模大，这要求产业新城运营商能够丰富资金渠道，增强融资能力。目前较为流行的融资模式如依靠丰富的政府资源获得政策支持、发展多样公私合作模式（PPP）取得政府信用背书、通过转用其他营业收入保持现金流畅通等，产业新城中的龙头企业华夏幸福便采取了多样融资手段，以确保基础设施建设与其他层级开发的有效开展。近年来，国务院及相关部门也纷纷出台政策文件支持产业新城基础建设的资本汇集，尤其表达了对PPP项目的鼓励态度，这将进一步扩展产业新城在基础设施建设上的融资渠道，缓解资金方面的压力。PPP项目本身具有多种融资渠道，如政府引导基金融资、信托融资、专项资产管理（资产证券化）、保险资金、银行贷款及债券等，因其汇集了政府部门、社会资本、项目公司等多方主体，在城市公共基础设施建设中发展较快，越来越多的产业新城运营企业也开始依托PPP项目获得更广资源与资金支持。未来多模式的融资渠道将丰富运营企业的资金来源，从而建设出更高标准的城市公共基础设施。

（二）调配各类空间，满足多种需求

产业新城不仅仅是引入企业、发展产业即可，其对于经济发展、政治稳定、文化繁荣、社会和谐、生态文明的追求要求各类配套服务都要充足提供，合理规划各类不同功能空间，满足城内企业、人口多元的生产与生活需求。

产业新城空间的合理开发主要体现在两方面。首先，完善的产业配套服务。产业的发展离不开配套政策与服务的提供，目前，以固安产业新城为代表的多个产业新城项目在产业、企业服务方面踊跃创新，形成了多种配套模式，如一站式的优质行政服务，法律、会计、金融、咨询等多位一体的打包服务，专利申请应用等科技专业服务，等等。在此基础上，未来的产业新城将提供更加精确、多元的配套服务，以企业需求为导向，以产业培育为目标，形成更为完善的运营体系，为城内产业运作与发展提供有力的支撑与保障。

其次，多元的生活配套服务。目前，大部分产业新城项目能够在早期规划阶段对居住、商业、娱乐等多类功能区域进行科学合理的划分，但在落实建设方面，由于产业新城的项目体量较大，开发不可一蹴而就，在产业引入与城市配套发展方面存在着较为严重的不同步。这种滞后性导致了不少新城出现了"城外居住、城内工作"的问题，居住功能难以发挥，城内常住人口规模小，人口集聚效应无法体现。也有部分项目吸纳了大量本地人口就业，但工作内容以工人、环卫、保洁等低端技能为主，虽维护了新城的基本运作，但难以拉动城内各类市场的形成。在这方面，固安产业新城在一定程度上代表未来的改进方向，其在引入产业、发展产业的基础上，真正发挥"以产兴城"的作用，通过强化居住功能，提高住宅种类的品质与多样性，达到人口集聚目标，实现"城内工作、城内居住"，同时通过建设商业、公

共交通、教育、医疗、文娱等多种主要公共服务，打造更为舒适便利的生活就业环境，形成大型商业配套与日常生活需求相结合、医疗教育基础公共服务较完善、文娱休闲设施更多元的宜居氛围，促进城内人口导入，并丰富就业人群的精神文化生活，从而真正实现"城"的功能。

（三）创新持久驱动，整体走向智能

产业新城的"新"，不仅体现在与传统园区的区别，更意味着其以创新为根本驱动力，促进产业整体健康发展与新型城市规划建设。在创新驱动方面，产业新城的未来发展有两个重点值得关注。首先，孵化创新产业，迈向智能园区。创新产业的发展有两种可实现路径，一方面，可通过城内企业创新要素的投入，衡量入驻企业的创新能力，在招商引资环节设置选择标准；另一方面则是新城运营企业自建、引入或收购孵化器以打造良好的创新氛围，通过提供支持政策来引入创新资源，培育创新企业。2017年，中共中央、国务院印发《国家创新驱动发展战略纲要》，提出创新驱动发展已是大势所趋。在"双创"潮流下，不少产业新城企业意识到承接创新生态的重要性，通过多种方式设立孵化器，形成了以创新为主的持久驱动力。如张江高科技园区，以张江投科为母体，整合旗下小额信贷、孵化器、创业培训等资源，建立起投贷孵学平台，拥有3个国家级孵化器，超过10万平方米的创业空间，由单纯的"空间提供商"向双创"时间合伙人"逐步转变。而在这种创新驱动下，"工业4.0"的到来将给予产业新城发展智能园区的机遇，通过利用新一代的信息技术，将新城整体再次升级，成为更智能化、科技化、管理成本更低、生产自动化程度更高的智能新城。

其次，在城市建设方面，创新也将带来运用高新技术打造智慧城市的趋势。十九大报告提出了要"加强应用基础研究，拓展实施国家重大科技项目，突出关键共性技术、前沿引领技术、现代工程技术、颠覆性技术创新，为建设科技强国、质量强国、航天强国、网络强国、交通强国、数字中国、智慧社会提供有力支撑。加强国家创新体系建设，强化战略科技力量"。这背后数字中国、平安中国、智慧社会等理念，为智慧城市的建设明确了发展路径。总体来看，我国目前智慧城市的建设尚在试点时期，不少省市通过顶层设计，激发了智慧城市建设与运作的模式创新，如居民日常生活"一卡通"、政民互动无障碍、用户数据自动汇聚与推动等，这些经验为高新技术如何在城市建设中运用提供了范本，也让我们看到智慧城市的便利与快捷。未来产业新城的建设，将更加注重对于高新技术的运用，在城市初步规划环节注重"数字、平安、智慧"的理念，建成更为便利、智能的新型城市。

附 录

附录1
全国主要产业新城项目及基本情况介绍

一 苏州工业园

苏州工业园是中新两国政府合作，以建设具有国际竞争力的高科技工业园和创新性、生态型新城区为发展目标，是国内工业园发展的典范。作为中国和新加坡两国政府间重要的经济技术合作项目，其开创了中外经济技术互利合作的新形式，对其他地区工业园发展具有重要示范意义。

园区行政区域面积288平方公里，下辖三个镇，户籍人口27万，从业人员31.57万，中新合作开发区规划发展面积80平方公里；目标是建设成为具有国际竞争力的高科技工业园区和现代化、国际化、信息化的创新型、生态型新城区成为全国水平最高、竞争力最强的园区之一。

苏州工业园区初步形成了国际科技园、中央商务区、出口加工区、独墅湖高教区、信息产业园、出口加工区、现代物流园、中心科技生态城、阳澄湖休闲度假区等功能完善的分区；苏州园区规划上形成的功能完善的分区，住宅配套、商业配套、文旅配套和休闲娱乐配套都独具地方特色，不同的功能分区在园区的发展中承担不同的功能和作用，为园区的快速发展奠定了基础[①]。

二 唐山曹妃甸工业园

曹妃甸工业园位于河北唐山南部海岸，根据规划，其未来要建设成为富有水城特色的新型工业城市，建成区面积达 300 平方公里，目标是建设成为循环经济示范区，将建设以现代物流、钢铁、石化、装备制造四大产业为主导的临港产业体系。

曹妃甸工业园在规划中极为强调生态环境，总计规划有 17 处公园，将曹妃甸工业园打造成一个"生态城"，积极开展港口工业旅游；从配套设施上，大量城市级休闲旅游、娱乐设施的规划建设，为工业园区提供完善配套的同时，也构筑了世界级的高端休闲度假平台；此外，在住宅配套上，园区内住宅以生态型、国际化、滨海风情都市社区为产品定位，规划建设了欧洲风情小镇和生态科技住宅，突出生态设计和生态技术的运用。

三 株洲栗雨工业园

栗雨科技工业园于 2001 年正式启动，占地 14.17 平方公里。该工业园在建设之初，就被赋予"生态树"的理念，即以道路为干，以各种配套设施为枝，以天然地势及其植被为叶，一个个产业组团就是其蓓蕾和果实。

按照这一理念，园区布局分为"一核、一轴、一环、八果"，倚山而立，依水而行，与自然生态融为一体。"一核"即位于园区中心地段的公共服务中心，"一轴"是从园区中心穿过的株洲大道，"一环"是连接园区各产业组团的环线，"八果"是环绕核心区和公共服务带的以生物医药

---

① 戴伟、付晶：《园区案例——苏州工业园》，豆丁网。

与健康食品、电子信息、先进制造等为主导的 8 大产业组团。此外，壮观的人文主题雕塑成为栗雨科技工业园的亮点，有力传达了企业的品牌和文化①。

四　重庆九龙园巴国城

巴国城位于重庆第一经济大区、主城地理中心及交通枢纽的九龙坡区高新九龙园区 A 区内，以纯汉唐仿古官式建筑为载体，以重庆本地根性文化——巴文化为灵魂，打造了一处集酒店餐饮、商务会议、文艺演出等众多功能为一体的生态文化观光型商娱胜地。该城占地 350 余亩，包含了纯商业宫廷建筑物 12 万平方米，230 亩免费生态公园，1.7 万平米的五星级庭院式酒店，1.5 万平方米的巴国文化广场，1.9 万平方米的时尚俱乐部，4000 平方米的巴人博物馆，300 米长的巴国历史名人长廊，高达 13 米的"巴将军"等近百个雕塑、地刻，一条宽 60 米、长 800 米的品牌餐饮街，两条宽 8~10 米、长 300~500 米古色古香的古玩字画和中华名小吃一条街。

从功能规划上，城内分区明确，交通设计合理，整体规划突出生态体验和巴文化的传承。该城建设了 3 层商业宫廷建筑物，以巴文化为底蕴，严格控制建筑高度、进深以求完美，达到高低错落、凹凸有致的效果，从而成为仿古建筑精品。入驻企业多为具有一定知名度和影响力的知名品牌餐饮、娱乐企业以及有意向进行投资的企业，形成了以特色餐饮为主、娱乐和休闲为辅的美食天地。高品位、高档次五星级时尚俱乐部汇聚时尚、潮流、顶尖创意体验；生态和生活相融合，打造多功能主题生态公园；大量大型雕塑、地刻、浮雕等淋漓尽致地反映了巴国的历史文化。巴国主题文化广场，总占地面积达 1.5 万平方米，为举行大型活动和市民休闲提供了良好的场地，同时也聚集了八方人气。

---

① 《君隽咨询 & 国内外工业园区专题研究》，http：//www.docin.com，2017。

五　张江高科技园区

上海市张江高科技园区创建于1992年7月,是张江国家自主创新示范区的核心园,含康桥工业区、国际医学园区等,承载着打造世界级高科技园区的国家战略任务。张江园区规划面积79.7平方公里,其中37.2平方公里于2015年4月经国务院批准纳入中国自由贸易试验区(上海)[①]。

六　万科杭州良渚产业小镇

在过去长达18年的产城融合实践中,良渚产业小镇走出了一条创造美好生活的道路,实现了产业兴城的梦想,文创、教育、养老、旅游四大产业平台成功搭建,在各方面取得了优异的成绩。杭州万科产城发展有限公司以全周期产业发展运营服务商为基础定位,目前主要有三个产品线,一是城市核心区的商办类项目,包括重资产持有一些办公、商业设施,如黄龙万科中心;二就是产业人居小镇,如良渚文化村和嘉善归谷智造小镇;三是城市更新项目。新时期,为了把良渚打造成为产业人居小镇的标杆,运营商设定了三个任务抓手[②]。

第一个抓手是杭州万科在距离良渚文化村2~3公里外新增的城市综合体项目用地,25万平方米体量中有5万~6万平方米为产业用地,目前是以剧院和文创产业为主的定位和规划,这也是良渚文化村产业2.0的桥头堡;第二个抓手是玉鸟流苏二期,玉鸟流苏一期是文创园,建筑面积1.4万平方米,已吸引翻翻动漫等多家文创企业入驻。目前二期正在做定位,基本确定也与文创产业有关;第三个抓手是把旅居业务线做完整。旅游本身也是产业,良渚旅游有一个单独的事业部——旅居事业部,万科希望把良渚未来申

---

① 赵珂:《上海张江高科技园区产业研发网络的多尺度分析》,河南大学硕士论文,2016年5月1日。

② 阿茹汗:《万科良渚:百亿投入九年收回》,《北京商报》2017年。

遗的旅游线加上良渚本体旅游线打通，做一个大的旅游产业布局。

目前良渚文化村中主要有文创、教育、养老、旅游四大产业，年产值4.4亿元的玉鸟流苏创意产业园一期和正在规划的二期，加上良渚文化艺术中心的辅助，构成了文创产业的整体布局。旅游产业的年产值也实现了过亿元，预计今年接待游客数量将达到60万人，文化村中以良渚博物院为中心的区域已在2012年被评定为国家4A级旅游景区。良渚文化村还打造了以安吉路良渚实验学校（民办）、万科学习中心、万科假日营地、良渚国际艺术学院等为核心的教育产业。此外最为行业推崇和学习的养老产业也孵化于良渚文化村。

七　北京电子城·朔州数码港

北京电子城朔州数码港项目总建筑面积130万平方米，总投资46亿元，融合了国内"高端科技""大数据信息""互联网技术""资源共享平台"的智能化居住社区、共享经济下的娱乐、商业配套等，该项目主要是通过互联网手段提供智能化的配套资源并实现共享。目前，整个项目商业部分的星悦港已全面开工建设。

朔州数码港项目将形成综合性的购物中心，目前已与中影国际院线、希尔顿酒店签约，永辉超市、迪卡侬、麦当劳、屈臣氏等60多家国内外品牌已有进驻意向。整个项目建成后将成为山西省北部地区集游乐、购物、休闲体验、餐饮娱乐、科技文化传播为一体的新型商业综合体。

八　龙岗天安数码城

龙岗天安数码城项目位于深圳市城市副中心龙岗中心区，地铁3号线、12号线经过，紧邻大运中心"水晶石"体育场，主干道黄阁路与清林路的交界处，从水官高速龙岗出口行车约10分钟可到达该项目，1小时经济圈囊括香港、广州，速联东莞、惠州。龙岗天安数码城占地12万平方米，总建筑面积

50万平方米，规划有6栋产业大厦、1栋200米甲级写字楼、1座五星级商务酒店、一座Shopping mall以及LOFT办公和科展长廊等建筑群。

园区入驻商业企业300家（上市企业4家，拟上市企业11家），引进人才10000余人，实现年产值达100亿元。其中一期首栋产业大厦于2008年完成建设并开始招商，引进企业80余家，至今实现完全入驻，入驻率高达100%；二期项目（2、3号楼）2011年底完成招商，引进企业100余家，并以创新型科技企业、总部企业为主。园区三期包括2栋产业大厦，1栋总部楼和2座BLO.X商业精品廊，建筑风格以创新、时尚、品质为基调。来自福田、南山、罗湖、龙岗、宝安等的近100家企业于2013年5月正式入驻三期项目，大型央企中广核工程有限公司已进驻三期5号大厦。

商业配套方面，园区前三期引入中行、工行、招商银行、北京银行、浦发银行和UA融易贷，保时捷、路虎、奔驰、奥迪、斯巴鲁汽车展厅，肯德基、麦当劳、香蜜轩、澳葡街、面点王、嘉旺、咪吖咪吖火锅、品正品、湘院子等餐饮，太平洋、老树咖啡、麦文雅客面包、顺品甜品、留白书吧、7-11、华润VANGO，以及邮局、文具店和旅行社等近30家品牌商家。

九 金桥产业园

联东U谷·金桥产业园，总占地1000亩，总建筑面积100万平方米，位于亦庄核心金桥科技产业基地内，是一个围绕产业"微笑曲线"打造的融总部办公、研发、生产制造、生产性服务业及各种生产、生活配套设施为一体的综合性园区，创新要点包括订单式招商、柔性开发模式、增值服务运营、产业服务平台建设等，包含总部商务园、研发科技园、生产制造园、综合配套园、企业定制园五大产业园区，目前已开发建设完毕，入驻企业600多家。

十 深圳星河WORLD

深圳星河WORLD是集产业、商务、居住、教育、购物、休闲等多业态配套的产融联盟新城,由星河产业集团独立运营。

作为星河产业首发项目,深圳星河 WORLD 有着令同行艳羡的高起点。项目地处福田 CBD、深圳北站高铁商务区、坂雪岗科技城(原华为科技城)三角鼎立的优势区位,首享深圳"东进北拓"战略利好,有着得天独厚的产业发展基础。

项目占地 160 万平方米,涵盖 75 万平方米甲级写字楼商务群、20 万平方米国际山湖住区、8 万平方米星河 COCO Park、五星级高级商务精品酒店、国际商务公寓、华师大附小及幼儿园等物业类型及配套。除此之外,项目紧邻 14 平方公里的银湖山郊野公园,计划打造登山步道、健身会所、恒温泳池、篮球场、羽毛球场、网球场、多功能厅等,运动休闲设施一应俱全。

十一 十字门中央商务区

从横琴新区到自贸区,从自贸区到粤港澳大湾区建设,十字门中央商务区紧扣国家战略发展主题,着眼于珠海新一轮大发展、推动横琴开发、建设珠江口西岸核心城市、粤港澳更紧密合作的实际行动和重大决策,对于构建城市全新格局,带动产业转型升级,加快横琴大开发,推动珠江口西岸核心城市建设和促进粤港澳更紧密合作具有十分重要的现实意义和深远的战略意义。

目前,包括已快速成长为业界翘楚的珠海国际会展中心在内,十字门中央商务区已经累计引进南方金融传媒大厦、中大金融大厦、中交南方金融投资大厦、法拉帝游艇亚太总部等 26 个龙头产业和总部经济项目,总建筑面积约 492 万平方米,预计总投资超过 937 亿元。

十字门中央商务区目前已基本形成金融产业基地、总部经济基地和国际商务服务平台的"两基地一平台"产业发展格局,已然成为城市建设的热土、高端产业发展的沃土和生活宜居的乐土。

十二 临港松江科技城

上海临港松江科技城始建于 1995 年,园区始终秉承"产业发展推动者、城市更新建设者"的企业使命,主要承担临港松江科技城开发区域内的规划建设、招商引资、产业投资及管理运行项目,是临港集团品牌与功能在松江等区域的辐射与延伸。目前开发范围已覆盖至新桥、九亭、中山、佘山、洞泾等松江区主要街镇,形成了多点布局、多元发力、多方联动的空间格局,并保持着高速增长态势。作为上海市首个"区区合作,品牌联动"示范基地,临港松江科技城在机制创新、产业升级、城市更新、服务集成、国有资产和集体资产共同增值保值、土地集约利用等方面取得了良好的成绩;先后获得国家知识产权试点园区、国家小微企业创业创新示范基地、上海市产业园区转型升级试点园区、上海市"创业孵化示范基地"等多项荣誉,尤其是"区区合作,品牌联动"这一开发机制得到了中央和上海市委、市政府领导的高度肯定,被誉为产业园区开发的"新桥模式"。

从产业定位上,临港松江科技城在进一步壮大电子信息、检验检测、文创时尚三大产业规模的同时,大力培育生命健康、智能硬件、3D打印等新兴产业,同时关注VR/AR、新能源、"互联网+"等风口产业,积极整合资源、集聚要素,着力构建"3+3+X"产业发展体系,助推G60科创走廊建设。

从产城融合上,临港松江科技城导入成熟的园区服务体系,在商业配套、公租房、智慧园区等方面为园区企业提供多元化、综合性服务。其中,棕榈广场建筑面积达2万多平方米,集办公、教育、餐饮、娱乐为一体;公共租赁住房项目总建筑面积约为21.24万平方米,可容纳8000余名园区企业职工居住生活;启动云智慧生活配套项目,利用云端技术解决员工衣食住行问题,为新兴产业发展提供了良好的环境。

十三 龙河高新技术产业开发区

廊坊龙河高新技术产业开发区(简称"龙河高新区")总规划面积28平方公里,于2005年11月奠基,2006年启动建设,是廊坊市首家"省级高新技术产业开发区"廊坊市城市建设"十大工程"之一、"国家火炬计划廊坊信息产业基地"、首批"省级工业聚集区"。龙河高新区位于北京和天津两大直辖市的黄金分割点，享有环渤海、环京津、环首都的"三环"优势，周边产业资源高度密集，市场容量巨大，高速铁路、高速公路、铁路货运、机场港口构成的立体化交通网络发达，物流通畅[①]。高新区位于廊坊市主城区的东南部，与中心城区无缝连接，是城市中的开发区，在发展经济的同时，还肩负着新城建设的战略任务，正在成为廊坊城市南拓和产业升级的新南城。

作为当前投资建成的最成熟的项目，中国宏泰发展累计投入近50亿元完善各类基础设施，新建市政道路33条，通车里程近50公里，已形成"十横七纵"主干路网和"九通一平"投资条件。与此同时，中国宏泰发展还投资30亿元建设了京津冀协同创新创业基地、慧谷梦工厂等"双创"配套设施。截至目前（2014年），龙河高新技术产业开发区累计引进各类项目245个，包括富智康、中国建筑、中建材、普洛斯、中航工业等央企和世界500强企业，总投资超700亿元，引进外资超过17亿美元，累计实现工业总产值1000亿元，纳税70多亿元，安排就业7万人。

十四　永清台湾工业新城

永清台湾工业新城始建于2006年3月，由深圳台商协会、东莞台商协会与永清县人民政府合作设立，目标是建成广大台商在环渤海区域的投资热土和生活乐园。新城位于河北省廊坊市永清县城东侧、京津沪三座超级都市高速交通的地理核心，区位优势异常突出。新城规划面积37.8平方公里，整体规划包含新型生活城、永清国际服装城、国家时尚创意产业中心、国际金融城、产业文化中心等7大板块，其中起步区7.59平方公里，划分为行政商务区、总部大道、空港服务基地、传统产业区、北方冠捷现代物流园、台湾花卉博览园、浙商新城、京南植物园八大板块[②]。

产业规划层面，其规划为二、三次产业并重，打造"互联网＋先进制

[①] 龙河高新区：《龙河高新区简介》，《机器人技术与应用》2013年9月15日。
[②] 《永清高筑"黄金台"引高端人才促顶级发展》，《廊坊日报》2011年9月19日。

造业"、大电子商务、大健康产业智慧,以创新、生态为特色,集多功能于一体的现代京津生态卫星城。截至2017年该项目引进11家企业,含3家龙头企业。

十五 香河新兴产业示范区

香河产业新城处于京津冀核心发展区域,距北京CBD仅40公里,在幸福城市理念的引导下,制定经济发展、城市建设、民生改善三位一体同步战略,最终实现产业与生态协同发展、产业与城市有机融合、经济与建设共同发展的目标,打造全球运河产业新城新典范。园区占地88.3平方公里,包含香河开发区、新兴产业示范区、环保产业示范区三大省级园区。重点发展高端装备制造、电子信息、新能源、新型材料四大产业。截至2017年引进29家企业,含2家龙头企业。

新城规划分为"两城-四区-三组团","两城"指东部产业新城和西部产业新城;"四区"分别包括城市公共服务中心区、机器人智慧新区、北部城市服务核心区以及东部高铁新区;"三组团"包括北运河生态居住组团、安平生态居住组团及东部高端制造产业组团。在产业结构上,香河新城以机器人、电商物流为两大支柱产业,通过设立特色园区实现产业集群,形成环北京新经济增长极;在城市建设上,通过建设城市规划展览中心、便民服务中心、文化艺术中心、会展中心以及体育中心"五个中心",激发城市活力;在公共服务上,构建全新的城市公共服务核心与创建可持续发展的民生保障模式,规划教育培训、就业创业、收入分配、社会保障、居住安置、医疗卫生六大民生保障板块,实现了产业与城市的较好融合。

十六 嘉善产业新城

嘉善产业新城建设项目于2013年启动,整体采用"综合PPP"模式,由华夏幸福与嘉善县人民政府共同建设。项目总占地面积12平方公里,位于嘉兴市嘉善县南部区域，毗邻嘉善高铁南站，可 23 分钟直达上海虹桥交通枢纽，地理位置极为优越。

在产业布局方面，嘉善产业新城按照"一带、两轴、三片区"的产业空间格局，围绕软件信息服务业、影视传媒产业、科技研发产业、商贸服务产业四大产业发展目标，着力打造西上海创智服务新高地、长三角影视文创示范区、沪嘉杭科创走廊枢纽城、大湾区商贸服务产业港。以电子商务为核心，数字内容、服务外包、高端应用电子研发为主导产业，构建起"1+3"产业体系。

在配套措施方面，嘉善县政府成立长三角嘉善科技商务服务区管委会，围绕"政务服务、商务服务、中介服务、生活服务"四大类内容，提供一站式优质服务；同时高铁新城引入上海优质教育资源，如上海师范大学实验附小、附中，并联手澳大利亚文化教育集团（ACE）投建高端国际幼儿园，以覆盖从幼儿园到中学的优质教育资源，满足了精英人才对教育配套的渴求，增强了城市的附着力。截至目前，产业新城园区内已注册企业近百家，有超过 60 多家企业入驻上海人才创业园正式运行，有 40 多家企业团队入驻孵化平台。

十七　惠州惠东高新工业园

惠州惠东高新工业园位于惠东县，占地面积约 100 平方公里，其中概念性总体规划面积 100 平方公里，核心区详细城市设计面积约 5 平方公里。园区规划目标一方面旨在积极承载深圳、广州等城市外溢产业，提升当地产业基础和投资环境，解决当地居民就业问题以及吸引人口聚集；另一方面注重打造宜居生态环境，提高当地百姓生活水平与幸福指数；最后依托新机场的建设，打造区域重点产业集群和经济增长新引擎，成为粤港澳大湾区建设中的重要参与者与引领者。

十八　大厂专用车产业园

大厂专用车产业园位于大厂潮白河工业园区核心地段，距离国贸正东

30公里，距北京CBD仅半小时车程。产业园借力中集集团在大厂的入驻，围绕整车龙头，以专用车整车为发展核心，重点引进整车企业的配套核心零部件，打造包含专用车研发、零部件制造、整车制造、展示销售等完整产业链的产业园区。园内设有完备的产业配套措施，在服务平台上，大厂专用车产业园下设24小时服务指挥中心，提供投资、生产、生活、技术等多方面的"全程无忧管家式服务"；在商务配套上，大厂专用车产业园所在的大北京经济圈有着完善、齐全的商务配套设施，园内拥有已投入使用的四星级综合性配套服务项目——京东第一温泉度假村；在生活配套上，专用车产业园拥有8所大专院校、18所中小学、5所幼儿园，县人民医院、县中医院，占地10万平方米的潮白新城综合市场以及潮白新城五环公园，具有完备的城市功能。

十九 固安产业新城

固安产业新城位于北京天安门正南50公里，地处大北京核心位置，于2002年6月奠基，随后十余年高速发展。固安产业新城以国家产业规划政策为指导，发展"新型显示、航天航空、生物医药"三大新兴产业集群，同步搭建金融服务平台、人才服务平台、科技创新平台、创业服务平台四大产业促进平台，布局固安环保产业园、固安肽谷生物医药产业园、清华中试孵化产业园、固安航天产业园等多个产业载体，促进产业集群发展，实现推进现代农业发展，推动区域经济全面腾飞。截至2017年底，固安产业新城入驻企业已经达到600多家，引进落地投资额1400多亿元。

除去产业创新格局的搭建，固安产业新城还重点打造"未来城市试验区"。按照"公园城市、产业聚集、儿童优先、休闲街区"的理念，建造系列中心绿地、运动公园、自行车慢跑系统、一流的商务酒店、人才家园等设施。同时关注城乡融合与本地就业，明确规定入园项目除有特殊要求的技术岗位外，必须安置一定数量的本地劳动力，并负责农民的技能培训，以园区带动城镇化。在合作模式上，固安县政府与华夏幸福形成伙伴关系，运用PPP模式完成由单一政府直接开发向政企携手开发的深层次转变实现共赢。

二十　文安经济开发区

文安经济开发区位于廊坊文安县城北部，规划面积12.12平方公里，通过"政府主导、企业运作"模式，以产业发展和城市发展"双轮驱动"、新型工业化与城市化并进的方式，打造出中国北方引领科学发展的现代产业基地、水韵宜居名城。

开发区现辖12个村街，总面积46805亩，人口12146人，重点发展新型材料、装备制造、环保设备、电子信息等产业。按照"一核、两轴、两廊、四组团"的理念构建发展布局。一核，即新城商务核心；两轴，即城市发展轴、新城景观轴；两廊，即滨水景观生态廊道、绿地景观生态廊道；四组团即智造工业园、低碳产业谷、新兴服务港、配套居住区。

二十一　海口绿地空港产业新城

该项目位于海口美兰区灵山镇，距离美兰机场仅3公里，总规划面积约14.4万亩，规划通过旧城改造与产业发展相结合，建成以空港物流和创意产业配套，特色休闲娱乐产业、临港旅游服务业为主导产业，具有旅游风情小镇风貌的综合性产业新城。

二十二　思科广州智慧城

坐落于国际创新城南岸启动区，思科（广州）智慧城作为番禺区加快实施创新驱动发展战略的头号工程，是国内首个以智能制造云产业为核心、总投资超过200亿元、产值规模超千亿元的全球领先智慧城市样板。根据战略规划，思科广州智慧城将结合万物互联、TOD立体生态、可循环海绵城市、绿色建筑等创新理念进行开发，集商业办公、星级酒店、公寓及住宅等多种业态于一身，打造成为在全国范围内具有示范效应和产业拉动作用的智能产业城样板。

思科（广州）智慧城将规划六大智慧产业板块，以万物互联、大数据云计算、智慧制造为核心产业，发展物联科技孵化、智慧城市、科技体验展示等关联产业。以思科为龙头，通过产业联动，构建贯穿上中下游的全产业链生态体系，引领中国科技创新产业走向全新高度。

二十三　北科建智慧产业新城

北京科技园建设集团于1999年成立，在不断发展中形成了以科技地产为龙头，园区发展、产业新城、金融业务、住宅地产和轻资产运营相结合的"4+1"主营业务体系。目前集团正全力推动由科技新城向智慧产业新城的产品升级和由科技地产向文旅地产、养老地产等产业业务的横向拓展，进一步加快京津冀战略谋篇布局，全力推动向一流的新城新区运营商的战略升级。

智慧产业新城不同于第一代科技园区（如中关村软件园等）、第二代科技新城（如嘉兴智富城），是北科建围绕京津冀一体化和新型城镇化战略，在大北京区域获取的大型项目。集团将从事项目的土地整理投资、项目的总体规划、载体开发、产业招商、物业经营、产业服务等科技地产全过程开发运营业务。智慧产业新城的核心理念是"多元产业聚集融合、公共资源均衡配置、园区管理智能高效"旨在实现多元产业相互支持、公共基础设施和配套服务齐全、产业聚集与人口聚集协调支撑，成为推动新型城镇化的示范。

二十四　武汉东湖国家自主创新示范区（中国·光谷）

武汉东湖新技术产业开发区，别称"中国·光谷"，于1988年创建成立，2009年被国务院批准为全国第二个国家自主创新示范区。2016年获批国家首批双创示范基地，并获批为中国自由贸易试验区（湖北）。东湖高新区规划面积518平方公里，位于武汉市东南部洪山区、江夏区境内，下辖八个街道、八大产业园区，集聚了42所高等院校、56个国家及省部级科研院所、66名两院院士、20多万专业技术人员和80多万在校大学生。

东湖高新区内建有光谷光电子信息产业园、光谷生物城、光谷中心城、武汉未来科技城等多个专业园区，已经形成了以光电子信息产业为主导，生物医药、新能源环保、高端装备制造、高技术服务业竞相发展的"131"产业格局。其中在光电子信息产业领域，光谷已成为代表国家参与全球光电子产业竞争的主力军，是我国最大的光通信研发基地、光纤光缆生产基地、光电器件生产基地、激光产业基地，光纤光缆生产规模全球第一[①]。除发展成熟的各类产业外，园区设有完备的配套设施，在基础建设上实现"九通一平"；教育资源丰富，拥有52所高等院校、华师一附中、多所小学以及国际学校；行政服务上设有联合办公中心，实现了开放式、电子化、一条龙服务；区内有设备高端、技术先进、国内知名的三甲医院，各类大型商场、超市及餐饮商业设施位于鲁巷城市商业中心、光谷综合服务中心、未来城市中心，湖滨花园、华美达、希尔顿等多家星际酒店分布园内，同时园内设有特色剧院、文化展示馆、省奥林匹克中心、光谷体育馆等丰富多样的体育与休闲设施，满足园内人员的生活需求。

二十五　无锡科技城

启迪协信·无锡科技城，是无锡市梁溪区政府携手启迪协信集团，采用一、二级联动开发，政企合作共同打造的产城融合大城。项目位于梁溪主城，总占地面积450万平方米，总建筑面积450万平方米，拟投资200余亿元，以光电新材料产业为特色，重点发展新能源、智能装备制造业、电子信

---

① 马骁俊：《武汉东湖高新区发展现状及对策建议》，《当代经济》2017年9月20日。

息及相关服务业四大主导产业，打造集产、学、研、商、住、办六位一体的科技智慧生态新城。

园区已累计引进130余家企业，已经进驻100余家。目前园区已累计实现产值300亿元，累计税收近9亿元，每年以10%~20%的速度快速增长，推动着无锡市老城工业区产业升级转型的持续发展。科技城为入驻企业提供启迪独有的I-TUS创新服务，包含创新发展资源、创新科技资源、创新金融资源三大核心服务，在企业日常发展、专利技术创新、企业投融资等多个发展层面提供十大平台进行相应支持。

二十六　金湾航空新城

金湾航空新城其总体定位是珠海城市副中心，基本形成了以航空航天、生物医药、新能源汽车以及精密制造构成的"3+1"产业结构。每个产业现在都形成了一定的规模，并形成了一些龙头企业。航空产业方面，已引进总投资达670亿元的69个航空项目落户，初步形成航空制造和运营服务共同发展的特色产业体系。生物医药产业方面，现有丽珠医药、联邦制药、润都制药、汤臣倍健等110家生物医药企业，2016年产值超过130亿元。新能源产业方面，现有企业15家，形成涵盖新能源汽车整车生产、动力电池、电机、电控等领域的产业体系。精密制造业方面，现有以飞利浦、博世、爱普科斯为龙头的规模以上企业100多家，国家或省市级研发中心14个，知识产权专利300多项[①]。

航空城内规划建设公共文化中心、市民及产业服务中心、市民艺术中心、国际商务中心、珠海国际体育中心、青少年妇女儿童活动中心六大中心。这六大中心紧紧围绕新城老百姓的需求提供配套服务：比如商务中心，将给老百姓提供一个高大上的休闲、购物场所；在服务中心，政府的服务机构都将集中在这里为老百姓提供服务，市民在办理政务时，可以"一站式"

---

① 乔宇、罗汉章：《金湾航空新城建设按下"快捷键"》，《珠海特区报》2018年1月15日。

地把这些事情办完。同时金山公园已经启用，城内还设有航空新城小学、金湾一中等教育资源，正在建设超大型商业综合体——华发精品商都，设立了"街区商业"概念，市民逛街将更加方便。

二十七　北科建·嘉兴智富城

北科建·嘉兴智富城是在浙江省嘉兴市秀洲新区打造出一个以智富创新园为核心，智富商务区、生态住宅区有机融合的科技新城。项目总投资100亿元，总建筑面积约100万平方米，智富城整体规划为"一城双园"，双园包括北科建创新园和互联网金融园，致力于打造"嘉兴国家互联网产业应用体验示范区"。

其产业规划以纳米新材料、光伏新能源和互联网应用为主要产业方向，其中互联网应用又集中在五个细分产业方向，即电子商务、互联网金融、文化创意、服务外包、数字多媒体等。周边休闲娱乐配套、餐饮住宿、住宅小区、医院诊所、教育培训、行政机构以及其他各项配套完善。

二十八　亿达·春田新城

亿达·春田新城位于大连生态科技创新城核心区，距市核心约12公里，亿达·春田紧跟时代脉搏，把"产城融合"这一造城理念完整地融合到新城建设中来，为中国城市的发展提供了新的样板，也为城市可持续发展找到了方向。

规划中的交通轨道四号线将春田与市区紧密相连，项目区域内山景、水体、公园、海岸、森林等自然生态资源丰富。亿达·春田新城学区由世界学校规划设计排名首位的帕金斯威尔公司精心设计，所有空间都是传统教室的1.5倍以上。这里拥有从早教、幼儿园、小学到中学的0～15岁生态教育体系。

二十九　东营光谷未来城

东营光谷未来城占地26.6平方公里，位于东营经济技术开发区东五路与南一路交汇处，紧邻千亩悦来湖，周边拥有东凯中学、东凯第二小学、东凯第二幼儿园、东营软件园、东营技术学院等优越学区及生态环境配套。

东营光谷未来城，主要功能定位为科技、创新和人才服务，在产业布局上主要建设科技展览馆、公共创新平台、研发中心与技术中心、孵化器、加速器、研发办公、创意商业项目等。在配套服务上，未来城形成政务配套服务集群、滨水商务配套服务集群与行业技术中心集群、创新企业独栋研发办公集群、服务外包集群的"3+2"服务集群。

三十　合肥云谷

合肥云谷位于合肥滨湖，占地438亩，于2015年7月由复星集团开始建设。合肥云谷是复星"蜂巢城市"理念下的复合产品。复星通过导入既有产业资源、整合全国全球资源，建设城市升级和产业升级急需的核心功能，同时创新规划、打造工作、生活、消费三个场景合为一体、具有24小时活跃人流的活力社区。合肥云谷计划打造一个涵盖健康蜂巢、金融蜂巢、文化蜂巢、旅游蜂巢和物贸蜂巢在内的城市组团，力图在主导产业引领下，衣食住行等生活需求能够一站式解决，形成"产、城、人"有机统一的微缩城市。

云谷系产品是一种升级版的产城融合，在城市选择和产业定位方面更为高端，复星通过对外部优质资产的收、并购，实现企业扩张和利润增长；通过依托产业园建设开发运营服务获取收益，并借助对优质中小企业的股权投资、上市孵化，打造独角兽企业，实现投资收益的爆发式增长。合肥云谷的开发模式，更多是基于复星自身产业投资、产业整合、产融结合以及全球化资产管理为顶层设计的逻辑框架而形成的。云谷金融城先已落地，具有大品牌、大区域、大规划、大路网、大产业、大配套、大产品、大业态、大运营等特点。

三十一　荣盛·新乡·商务中心区

新乡商务中心区于2018年6月正式开启建设，商务中心区紧邻高铁站，占地面积约为3.88平方公里。按照"政府引导、企业运作、封闭管理、统一规划、分步实施"的模式，由政府与企业共同进行投资开发与建设运营。

荣盛产业新城公司与国兴新城股份有限公司组成联合体，积极参与项目开发建设经营招投标（包括竞争性磋商）活动，按照法律法规规定程序取得项目开发建设经营权，并按照政府整体规划要求，在合作区域及期限内全权负责新乡商务中心区项目的规划、开发、建设、招商、公共设施的服务和管理等事项。三方将通过新乡商务中心区项目的合作，有效提升新乡市中心城区的城市形象，共同营造新乡城市发展的新风貌。

三十二　沈水产业新城

沈水产业新城位于沈阳西南部，是苏家屯区"一园三城"空间格局的重要组成部分。2011年12月，华夏幸福开始与沈阳市苏家屯区人民政府携手打造沈水产业新城。

以"东北产业新城标杆，中国学园都市典范"为目标，华夏幸福为沈水规划了汽车及汽车零部件、智能制造装备产业两大主导产业方向，同时结合用地条件与产业布局，依托沈阳产业基础和区位优势，向北衔接中德产业园，向东依附辽宁自贸区沈阳片区，向南连接沈大产业带，以龙头项目为引领，大力引进高附加值产业项目，最终形成了"一心一带三片区"的空间布局结构。一方面形成具有地域特色的城市景观体系，另一方面打造集购物、餐饮、休闲、娱乐、文化为一体的商业体系，并引入沈阳七中、朝阳一校，构建全龄教育体系与引入高水准的医疗资源，提升城市医疗服务水平。

三十三　来安产业新城

来安产业新城位于来安县东南角，与南京江北国家级新区一河之隔，是长江经济带上一座正在崛起的产业新城。2015年9月，华夏幸福开始参与打造来安产业新城。

以"全球智造中心、国际幸福城市"为愿景，来安产业新城立足自身交通区位和空间规模优势，牢牢把握国家及区域性重大政策机遇，来安产业新城重点打造新型显示、新能源及汽车零部件、智能制造装备三大产业集群。以生态水乡为底板，来安产业新城看山理水、营城造境，整体形成1个魅力核心区、1条生态景观带、2条产城发展轴、3个产城融合发展组团、1个城市门户区的"一核一带双轴三组团"的城市结构，旨在重塑来安格局、助推来安产业新城对标国际一流城市，同时打造支撑30万人口城市规模的优越城市环境，快速提升城市发展节奏。

三十四　溧水产业新城

溧水产业新城位于溧水经济开发区核心区域，毗邻禄口国际机场，距离南京主城区32公里。2016年3月，华夏幸福与溧水经济开发区正式签订PPP协议，携手致力于将溧水产业新城打造成"智能网联汽车镇，魅丽精致山水城"。

聚焦"研发+制造"模式，溧水产业新城打造以智能网联汽车为主、智能制造装备和生产性服务业为辅的"一主两辅"格局；同时定位于"空港实业中枢，科技山水新城"，形成"一核两翼、双心多廊"的空间结构。以新城生态为核心，宁高高速两侧城市功能区为两翼，东侧科创中心与西侧服务中心为双心，辅以生态廊道空间，最终以合理的空间布局成就城市的美好未来。2016年10月，溧水产业新城成功入选财政部、教育部、科技部等20个国家部委联合发布的"第三批政府和社会资本合作示范项目"名单，成为国家级PPP示范项目标杆。

三十五　舒城产业新城

舒城产业新城位于合肥正南30公里。2016年2月，华夏幸福开启打造舒城产业新城之路。随着合肥经济圈一体化发展，舒城产业新城依托区位优势，立足长江科技转化中枢、合肥文化休闲高地的发展定位，主动融入合肥，同时凭借自身优越的地理位置，积极承接长三角、珠三角等沿海发达地区的产业转移。

华夏幸福为舒城重点打造三大产业集群：以集成电路、新型显示、智能终端为主的光电显示产业集群，以整车及专用车为主的新能源汽车产业集群，以自动化生产线及机床为主的智能制造装备产业集群；同时，通过综合园区配套、科技产业平台、人才输送机制和多元融资体系四方面支撑举措，服务产业集群发展。城市建设方面，以面向合肥都市圈为规划理念，规划打造"东城西产、一核双轴多组团"的空间结构，致力于打造特色产业鲜明、人文气息浓厚、生态环境优美、兼具旅游与社区功能的宜居宜业、朝气蓬勃的"幸福之城"。

三十六　江门高新产业新城

江门高新产业新城雄踞江门市东大门，是江门融入粤港澳大湾区的桥头堡。2016年10月，围绕"珠西科创新城，田园活力侨都"的战略定位，华夏幸福开始打造江门产业新城。

江门高新产业新城以打造创新型产业集群为目标，重点布局智能终端、智能制造装备、新能源汽车及零部件三大产业集群，并涉足大健康、科技创新领域，构建"3+1+1"产业体系。在城市规划方面，江门高新产业新城以都市田园、人文侨都、多元生活为平台策略，让城市繁华与自然生态能够相辅相成、历史记忆与岭南水乡得以交相辉映、人文原乡与前沿科技彼此汇聚交融，勾勒出城水相融，天地人和的现代绿色都市。

三十七　武陟产业新城

武陟产业新城与郑州仅一河之隔，是黄河北岸新兴增长极、大郑州"一刻钟经济圈"的重要组成部分。2016年6月，华夏幸福与武陟县人民政府签署合作协议，开始打造武陟产业新城。

致力成为中原产业型知识新城，郑焦产城融合先行示范区，华夏幸福结合区域实际发展需求，为武陟产业新城确立"建设郑州大都市区物流节点枢纽和新兴产业基地"的发展目标，聚焦高端装备、生产性服务业和都市消费三大产业领域打造智能制造、现代食品、现代物流和科技服务四大产业集群，加速发展人工智能、机器人、新一代信息技术、互联网、物联网等战略新兴产业。通过产业集群打造和特色产业港建设，形成龙头项目引领、中小科技企业集聚的"科技+"中原协同发展新典范[1]。从"造城引人"到"为人造城"，如今，一座产城融合、宜居宜业、生态和谐的产业新城正在形成。

---

[1] 董柏生：《武陟产业新城：打造郑焦深度融合产业示范区》，《焦作日报》2018年6月13日。

附录2
全国主要产业新城运营商及基本情况介绍

一 华夏幸福基业股份有限公司

华夏幸福是中国领先的产业新城运营商，创立于1998年。成立二十年来，华夏幸福始终致力于产业新城的建设与运营，已成长为中国领先的产业新城运营商。截至2018年6月底，公司资产规模超3870亿元。公司以"产业高度聚集、城市功能完善、生态环境优美"的产业新城和"产业鲜明、绿色生态、美丽宜居"的产业小镇为核心产品，通过"政府主导、企业运作、合作共赢"的PPP市场化运作机制，在规划设计、土地整理、基础设施建设、公共配套建设、产业发展、城市运营六大领域，为城市提供全生命周期的可持续发展解决方案[①]。

以"产业优先"为核心策略，华夏幸福凭借约4600人的产业发展团队，聚焦新一代信息技术、高端装备、汽车、航空航天、新材料、大健康、文化创意等10大产业，全面打造百余个产业集群。截至2017年底，华夏幸福已为所在区域累计引入签约企业近1900家，招商引资4000多亿元，创造新增就业岗位8.2万个；秉持"产城融合"的理念，在导入、培育产业集群的同时，华夏幸福同步建设并运营居住、商业、教育、医疗、休闲等城市配套，最终实现区域的经济发展、社会和谐、人民幸福，推动城市的高质量、可持续发展。

[①] 《华夏幸福产业服务收入快速增长 产业新城全国多点开花》，《合肥晚报》2017年9月1日。

二 绿地控股集团股份有限公司

绿地是一家全球经营的多元化企业集团，创立于1992年，总部设立于中国上海，在中国A股实现整体上市，并控股多家香港上市公司。绿地集团历经25年蓬勃发展，目前已在全球范围内形成了"以房地产开发为主业，大基建、大金融、大消费等综合产业并举发展"的多元经营格局，实施资本化、公众化、国际化发展战略，旗下企业及项目遍及全球四大洲十国百城。绿地依托房地产主业优势，积极发展大基建、大金融、大消费及新兴产业等关联板块集群，实现"3+X"综合产业布局，"一业特强、多元并举"的多元产业板块，有利于绿地充分打通并嫁接各产业板块优势，打造稳健增长、基业长青的"绿地系"企业群[1]。

绿地目前的业务板块主要有六大类，房地产业始终是绿地集团的核心主导产业，形成了集超高层建筑、城市综合体、住宅和产业地产等多种功能性产品分类。其中，一是超高层建筑。绿地集团在超高层建筑开发领域积累了丰富的经验，开发规模和水平居全国领先地位，目前建成和在建的超高层建筑已达23幢，其中4幢高度世界排名前十，足迹遍布全球；二是城市综合体。绿地集团在全国范围内重点开发集住宅、商业、办公、酒店等功能于一身的现代服务业综合体，为各地城市面貌和人居生活水平提升不断努力；三是产业新城。绿地集团在参与全国各地城镇化发展的过程中凭借自身开发实力和产业运营能力，为各地量身打造集"生态、产业、居住、休闲"等功能于一体的24小时活力新城。绿地"产城一体化"模式开创了产业发展与城市发展良性互动的新格局，正成为绿地集团进军世界200强的发展引擎和增长极。

---

[1] 《绿地集团获第八届安徽楼市总评榜时代贡献奖》，http://news.xafc.com，2017。

三 碧桂园控股有限公司

碧桂园总部位于广东顺德,是中国最大的城镇化住宅开发商。本集团采用集中及标准化的运营模式,业务包含物业发展、建安、装修、物业管理、物业投资、酒店开发和管理等。碧桂园于2007年4月20日在联交所主板上市,于2007年9月1日成为摩根士丹利资本国际环球标准指数成分股,于2007年9月10日晋身成为恒生综合指数及恒生中国内地100成分股,于2016年9月14日被纳入富时中国50指数,于2017年6月12日成为恒生中国25指数成分股,并于2017年12月4日正式成为恒生指数成分股。截至2017年12月31日,除广东省外,碧桂园已于29个省份的多个策略性挑选地区拥有物业开发项目。2017年7月,集团首次跻身《财富》世界五百强,位列榜单第467位。

碧桂园围绕地产业务核心,通过金融化手段强化或整合地产产业链上的各项小区相关业务,完善覆盖小区资源整合平台,打造全生命周期产业链,充分释放集团内资产价值。

四 中新苏州工业园区开发集团股份有限公司

中新苏州工业园区开发集团股份有限公司(简称中新集团)由中国、新加坡两国政府于1994年8月合作设立,目前集团旗下拥有50多家子公司,总资产超200亿元。公司核心业务是园区开发运营,发展格局为"一体两翼"协同发展,以园区开发运营为主体板块,以载体配套和绿色公用为两翼支撑,发展目标是成为中国园区开发运营领军企业。

作为园区开发主体和中新合作载体,中新集团为苏州工业园区开发建设做出了重大贡献。此后,中新集团不断输出苏州工业园区成功经验,已在宿迁市、南通市、安徽省滁州市、常熟市海虞镇、张家港市凤凰镇等地实施园区开发运营项目。集团旗下中新置地专注于园区载体配套建设,围绕园区开发运营，积极构建多元化平台，着力提升区域价值。集团旗下中新公用长期致力于水务、燃气、热电、环境技术等城市公用事业的运营，并围绕绿色公用发展方向，着力开发新型环保事业。

五 天安数码城

天安数码城（集团）有限公司成立于1990年，总部位于广东深圳，在全国11个城市开发、运营和管理15个园区，以珠三角为重点，覆盖长三角、环渤海和西南经济圈，总运营面积超过1600万平方米。二十多年来，天安数码城构建出以创新企业生态圈的建设运营为核心，以智慧园区和金控平台为两翼的业务发展模式，服务企业从苗圃、孵化、加速到成长的全生命周期，用智慧化、市场化和国际化资源，多维度契合企业成长的各方位需求，关注企业与资源、企业与企业、企业与政府的互通、互动、互促和生态圈的自我更新、驱动，促进企业的发展壮大和区域经济的转型升级。

公司主要拥有四个业务模式，即创新企业生态圈，产业园开发，智慧空间，金控平台。其中，创新企业生态圈围绕以创新企业生态圈建设运营为核心，以智慧园区和金控平台为支撑的"一体两翼"发展战略，天安数码城在打造众创空间、构建服务平台等领域不断创新前行，打造智慧园区运营体系，提出"3个24"运营理念。产业园开发业务涉及深圳、广州、上海、北京、佛山、东莞、常州、江阴、重庆、天津、青岛等多个城市。典型案例是深圳唯一的国家级民营科技园、国家级孵化器——深圳天安数码城；智慧空间包含天安运营、清华天安、酒店公司、T＋SPACE、1发布、新科技成果交易中心，核心成员企业深圳天安智慧园区运营有限公司是一家以科技产业园区运营管理为核心业务的首批物业管理一级资质企业集团；金控平台包括天安金控、众创金融街、基金公司，其中天安金控是天安数码城（集团）有限公司延伸金融业务的承载主体，建立了包括股权投资、基金管理、财务顾问、财富管理、投资银行等综合金融服务业务体系，致力于打造中国新兴产业综合金融服务平台及全球资源整合平台。

六　上海张江高科技园区开发股份有限公司

上海张江高科技园区开发股份有限公司于1996年4月在上海证券交易所正式挂牌上市，系采用公开募集方式设立的股份制上市公司。张江高科技园区既是浦东新区的重点开发区，又是国家级高技术重点开发区之一。园区的规划总面积为17平方公里，规划为科技产业区、科研教育区、高级商住区、住宅区四大功能区。优越的园区投资环境，将提供水、电、热、煤气、通信、道路等各类市政基础设施，重点发展以生物医药工程、微电子、机电一体化为龙头的高新技术产业，逐步形成集开发、生产、销售、科研、教育、博览于一体的中国新一代高科技城区。

张江高科正以科技投行作为战略发展方向，着力打造成为新型产业地产营运商、高科技产业整合商和科技金融集成服务商，努力寻求产业地产和产业投资业务有机融合、协同发展，并对接资本市场进行价值发现。为此，张江高科正积极响应"大众创业、万众创新"的号召，实施离岸创新、全球孵化、产业并购、张江整合的战略思想，以创业服务业集成商为角色定位，紧密对接全球创新资源，加速集聚全球创新要素，构建开放式创新生态圈，努力成为国内高科技园区开发运营的领跑者和新标杆，在未来科技园区的创新引领、产业空间打造和企业服务中发挥关键的品牌效应和核心的引领作用。

七　招商局蛇口工业区控股股份有限公司

招商局蛇口工业区控股股份有限公司（简称"招商蛇口"）是招商局集团（中央直接管理的国有重要骨干企业）旗下城市综合开发运营板块的旗舰企业，也是集团内唯一的地产资产整合平台及重要的业务协同平台，创立于1979年。2015年12月30日，招商蛇口吸收合并招商地产实现无先例重组上市，打造了国企改革的典范和中国资本市场创新标杆①。

招商蛇口聚合了原招商地产和蛇口工业区两大平台的独特优势，成为中国领先的城市和园区综合开发运营服务商，聚焦园区开发与运营、社区开发与运营、邮轮产业建设与运营三大业务板块，以"前港—中区—后城"的独特的发展经营模式，参与中国以及"一带一路"重要节点的城市化建设。在三大业务板块中，产业新城是招商蛇口园区开发与运营的重要板块之一，是对接地方企业或政府最为重要的路径之一，基于"前港—中区—后城"的"蛇口模式"，通过港口先行，产业园区跟进，配套城市新区开发，实现成片区域整体联动发展。

八 天津泰达投资控股有限公司

天津泰达投资控股有限公司（简称"泰达控股"）成立于1984年12月，主要经营领域为区域开发、公用事业、金融和现代服务业，拥有泰达集团、泰达建设等28家全资公司，北方信托、中非泰达等19家控股公司和泰达发展、北科泰达等24家参股公司。

产业板块主要分为四大产业，即区域开发与房地产、公用事业、金融、现代服务业。一是在区域开发与房地产领域，泰达控股凭借多年积累的区域开发经验，成功建设埃及泰达苏伊士经贸合作区，与天津经济技术开发区管委会、沙特工业产权管理局合作开发沙特工业园，与拉比格公司共同推动拉比格园区合作项目；二是在公用事业领域，作为泰达控股的传统支柱产业，公用事业是泰达控股战略发展的基础。泰达控股承担了天津开发区内的水、电、气、热等能源供应和污水处理、轨道交通以及城市绿化、道路桥梁设施等经营性基础设施项目的投资开发和运营管理；三是金融领域，泰达控股的金融产业包括银行、基金、保险、证券、信托、融资租赁等在内的完整金融业务，拥有渤海银行、渤海证券、北方国际信托、泰达宏利基金、渤海财产

---

① 《2017年百大榜之企业1.4%》，《安家》2018年1月15日。

保险、恒安标准人寿保险、泰达股权基金和嘉恒达融资租赁等金融机构。专业化、国际化的合作伙伴英国渣打银行和英国标准人寿集团等核心团队的加入，提升了泰达控股在金融领域的国际化管理水平；四是现代服务业，泰达控股以会展、航母旅游、星级酒店、现代物流等为代表的现代服务业已经成为滨海新区业内领军企业。目前泰达控股拥有万丽泰达酒店（五星级）、泰达国际酒店暨会馆（五星级）、天津泰达国际会馆（五星级）、泰达中心酒店（四星级）等多家高档酒店。

九 启迪协信科技城投资集团有限公司

启迪协信科技城投资集团有限公司（简称：启迪协信）成立于2015年6月10日，由全国最大的科技服务企业启迪控股与协信控股实施"业务战略整合重组"成立。启迪协信集合了启迪控股在品牌、资源和项目储备上的优势，以及协信控股在项目投融资、开发和运营管理上的优势，秉持"源于清华、服务创新、产业兴城、科技报国"的宗旨，致力于成为全球领先的科技园投资运营商。

业务板块包括科技园区、科技服务、科技金融和科技实业。启迪协信以科技资源聚集的创新高地为战略导向，坚持科技园投资开发与科技产业运营服务并举，业务已覆盖环渤海、长三角、珠三角、西南和中部五大都市圈。在建项目40多个，开发面积上千万平方米。这些项目正在成为创新、融合、智能的现代科技企业集聚区，成为推动地方经济发展的新引擎。比如启迪协信·无锡科技城是无锡市梁溪区政府携手启迪协信集团，采用一、二级联动开发，政企合作共同打造的产城融合大城，项目以光电新材料产业为特色，重点发展新能源、智能装备制造业、电子信息及相关服务业四大主导产业，打造集产、学、研、商、住、办六位一体的科技智慧生态新城。目前，园区已累进引进130余家企业，已经进驻100余家。目前园区已累计实现产值300亿元、累计税收近9亿元、每年以10%~20%的速度快速增长，推动着无锡市老城工业区产业升级转型的持续发展。

十 亿达中国控股有限公司

亿达中国控股有限公司于2014年6月27日在香港联交所主板上市，是集园区开发、园区运营、工程建设、物业管理等业务于一体的综合性集团化企业。作为中国领先的商务园区运营商，秉承"以产促城、产城融合、协调发展、共创价值"的运营理念。自1998年开始，亿达中国重点拓展环渤海、京津冀、长三角、珠三角、中部、西部等区域经济活跃城市，已在全国18个城市先后开发和运营了大连软件园、大连生态科技创新城、武汉软件新城、郑州亿达科技新城、长沙亿达梅溪湖健康科技产业园、长沙亿达智造产业小镇、北京中关村壹号、北京亿达丽泽中心、北京移动硅谷创新中心、上海亿达北虹桥创业城、深圳海科兴战略新兴产业园等三十多个商务园区项目，凝聚了包括八十余家世界500强企业、百余家行业百强企业在内的企业客户和合作伙伴，积累了丰富的商务园区开发运营和服务管理的经验，形成了独特的商业模式和产业优势。

公司业务分为五大板块，即商务园区开发与运营、住宅开发、工程建设、物业管理、园林绿化。在商务园区开发与运营上，亿达集团先后开发和运营了大连软件园、大连生态科技创新城核心区春田新城、武汉软件新城、大连腾飞软件园、大连天地软件园、亿达信息软件园、天津滨海服务外包产业园、武汉光谷软件园、苏州高新软件园等10余个知名商务园区项目，在大规模、高质量软件园区与科技园区开发运营方面积累了丰富的经验，凝聚了众多包括世界500强企业在内的企业客户与合作伙伴，形成了成熟的运营体系和商业模式。

十一 上海临港经济发展（集团）有限公司

上海临港经济发展（集团）有限公司，成立于2003年9月，是承担上海临港产业区开发建设任务的大型国有多元投资企业，主要负责上海临港产业区218平方公里范围内的土地开发、基础建设、招商引资、产业发展和功能配套等工作。现上海临港集团下属子公司主要包括上海市漕河泾开发总公司、上海临港建设公司、上海临港投资管理有限公司、上海临港人才有限公司、上海临港港口发展有限公司和泥城、书院、芦潮港、万祥、奉贤五个分城区发展公司等。上海临港集团根据上海"四个中心"和现代化国际大都市建设目标，以上海临港产业区开发建设为根本任务，致力于把上海临港产业区打造成为世界一流、全国领先的国家新型工业化产业示范基地，取得了令人瞩目的成就。除临港地区外，集团还在全上海、长江三角地区进行多层次、多功能、多形态空间布局，建设了高科技园区、商务园区、出口加工区等多类型的高品质园区，实现产业高端化、技术高新化和项目高质化发展。

在上海临港松江科技城的建设上，公司始终秉承"产业发展推动者、城市更新建设者"的企业使命，承担临港松江科技城开发区域内的规划建设、招商引资、产业投资及管理运行，是临港集团品牌与功能在松江等区域的辐射与延伸。目前，临港松江科技城开发范围已覆盖至新桥、九亭、中山、佘山、洞泾等松江区主要街镇，完成土地开发面积近千亩，建筑面积120余万平方米，形成了多点布局、多元发力、多方联动的空间格局。临港松江科技城作为上海市首个"区区合作，品牌联动"示范基地，通过产业园区与地方政府合作开发的发展模式，快速实现了园区资产的增值，并给新桥、九亭等集体经济组织带来巨大发展红利，成为松江创新驱动、转型发展的样板。"区区合作，品牌联动"这一开发机制得到了中央和上海市委、市政府领导的高度肯定，被誉为产业园区开发的"新桥模式"。

十二 珠海华发城市运营投资控股有限公司

珠海华发城市运营投资控股有限公司发端于2008年，是一家扎根于珠海特区、依托于华发集团，从国家战略中破茧而出的新都市运营商。凭借一流的整合力、运营力和行动力，华发城市运营深得政府的信赖和倚重。以十字门为起点，华发城市运营的业务逐渐扩展至珠海所有的行政区和经济功能区。仅在珠海，华发城市运营直接建设和运营项目超过100个，总投资额超过3000亿元。

公司的业务类型涵盖片区综合开发、园区开发运营、公建开发运营、城市更新改造和商用物业开发五大主流领域。在园区开发运营领域，公司自2011年承接珠海首个金融产业服务园区——横琴金融产业基地开始，华发城市运营近年来已将业务触角延伸到各种类型的园区开发与运营。通过高起点规划，华发城市运营以高端实体产业先导、产城一体、产融结合的开发方式，全面推进土地整理，高效铺开园区建设，主导园区产业导入和运营，积极构建完整的现代产业体系，成功运作装备制造、金融、保税物流等多类型的产业园区。通过园区开发运营，华发城市运营致力于打造城市区域宜居宜业的发展环境，实现产业集聚发展，完善城市产业发展格局，助力区域格局与行业格局的提升与嬗变。

十三　北京科技园建设（集团）股份有限公司

北京科技园建设（集团）股份有限公司（以下简称"北科建集团"）是1999年北京市政府落实《国务院关于建设中关村科技园区有关问题的批复》精神而成立的，是北京国资公司在城市开发领域的重要平台。集团始终坚持"服务区域经济、助推产业升级、促进创新创业、提升社会贡献"的企业使命，成功运营了中关村核心区、中关村软件园、中关村生命科学园、嘉兴智富城、无锡中关村科技创新园、青岛蓝色生物医药产业园、长春北湖科技园、中关村·虹桥创新中心和天津中加生态示范区等为代表的全国10个城市12个科技新城品牌项目，以及领秀慧谷、领秀翡翠山、领秀雁栖翡翠花园、北科建泰禾·丽春湖院等为代表的15个知名住宅项目，形成了以科技地产为特色，产业新城、产业园区、金融业务、住宅地产和轻资产运营相结合的"4+1"主营业务体系。

当前，集团正按照国家创新驱动、新型城镇化、京津冀协同发展和创新创业的战略要求，坚持"创新、协调、绿色、开放、共享"的发展理念，全力推动由科技新城向智慧产业新城的产品升级和由科技地产向文旅地产、养老地产等产业业务的横向拓展，进一步加大京津冀布局，全力推动向一流的新城新区运营商进行战略升级。

十四 星河控股集团有限公司

星河控股集团有限公司成立于1988年，旗下现有地产、金融、置业、产业四大集团，业务涉及地产开发、城市更新、商业运营、酒店管理、物业服务、金融投资、产业运营等多元领域，业务覆盖珠三角、长三角、京津冀三大重要城市经济圈，布局深圳、广州、天津、南京等20余座城市，为国内大型综合性投资集团之一。

公司在产业业务下分产融联盟新城、双创社区、特色小镇。产融联盟新城代表作深圳星河WORLD，总建筑面积约160万平方米，以战略新兴、金融投资、文化创意产业为引领，打造"园区+金融"双闭环总部基地；已全国布局的"双创"社区管理运营面积约50000平方米，管理规模位居全国前列；星河产业同时致力于打造产业"特而强"、功能"聚而合"、形态"小而美"、运作"活而新"的特色小镇产品线，目前已与中山、惠州、东莞等地政府签署合作开发协议。

十五 武汉东湖高新集团股份有限公司

武汉东湖高新集团股份有限公司（以下简称"东湖高新集团"）成立于1993年，成立初期，即代表武汉东湖新技术开发区管委会，承担东湖新技术开发区内首个15平方公里的土地储备、招商引资、物业管理等全过程开发任务，为东湖新技术开发区的基础设施建设、产业集聚做出了开创性贡献。

公司业务覆盖环保科技板块、科技园区板块、产业投资板块。其中，一是环保科技板块，以大气治理和水务环保为核心，为企业、政府和社会提供环境整体解决方案，未来，环保板块还将关注噪声防治、固废处理等领域，进行外延式扩张，谋求更大的发展空间；二是科技园区板块，起步于东湖高新集团诞生之初，23年内先后开发运营各类主题科技园区合计16个，开发总面积近千万平方米，累计引进、孵化企业三千余家。在全球"工业4.0"的大背景下，东湖高新集团紧跟时代发展潮流，抢先布局国家重点发展产业，形成以电子信息、生物医药、IT服务、智能制造四大产业为核心的产业运营体系，秉承"研究产业、服务产业、投资产业"的理念，探索"以产兴城""以城促园"的产城一体化发展模式，带动上下游企业聚集，促进区域经济发展。在大力发展四大产业的基础上，积极响应国家"大众创业、万众创新"的号召，拓展创新创业孵化器新领域，以先进的园区氛围及政策，为企业提供"孵化—发展—壮大—上市"的全生命周期发展平台。三是产业投资板块，抢占国家战略新兴产业高地，重点关注和投资节能环保、集成电路、光电子信息、软件与互联网、大健康等领域。组建产业投资和资本运作平台，打造专业的投融资管理团队，通过直接投资和基金投资，推动产业转型升级。

十六 复星集团

复星集团创建于1992年，于2007年在香港联交所主板上市。复星的全球生态系统中主要成员有：健康生态包括复星医药、国药控股、复星联合健康保险、葡萄牙医疗服务集团 Luz Saúde、印度最大仿制药企之一 Gland Pharma 等；全球最大连锁式休闲度假村集团之一地中海俱乐部、三亚亚特兰蒂斯、豫园股份及以色列顶级死海矿物护肤品牌 AHAVA 等。富足生态包括葡萄牙最大保险公司 Fidelidade、葡萄牙最大上市银行 Banco Comercial Português（BCP）、德国久负盛名的私人银行 Hauck & Aufhäuser（H&A）、香港鼎睿再保险、浙江网商银行等。

十七　荣盛产业新城公司

荣盛兴城投资有限责任公司（简称荣盛产业新城）成立于2015年12月，是荣盛发展主要从事产业新城业务板块的公司，整合荣盛发展旗下振兴银行、中冀投资、泰发基金、创投公司、建设公司、物业公司、设计院、互联网公司、新能源公司、航空公司等资源以及广大战略联盟，全流程参与产业新城的战略定位、规划设计、开发建设、园区运营、金融支撑、政策支持、产业发展、园区服务等环节，为合作企业打造产业链上下游集聚平台，推动城镇化建设与产业发展有机融合，打造产业集聚、面向未来、产城融合、宜居宜业、生态智慧的新家园和高新技术产业孵化基地。

目前荣盛产业新城已在京津冀（香河、永清、霸州、兴隆、固安、宣化、唐山、蔚县、玉田）、大中原（新乡）及长江经济带（淮北、宜昌）开发建设了数百平方公里的产业新城。依托上市母公司荣盛发展的多元化雄厚实力，荣盛产业新城深耕京津冀，挺进大中原，进军长三角，布局全中国，成为迅速崛起的产业新城运营商，为区域发展和社会进步贡献力量。

荣盛产业新城先后荣膺"2017年中国特色产业新城运营优秀企业""2017中国产业新城运营商优秀品牌""2017年中国产业园区运营商第十名""2018中国产业园区运营十强企业"等荣誉，荣盛产业新城开发运营的香河新兴产业示范区入围2017年度中国产业园区项目20强。

附录3
参考文献

[1] 〔英〕亚当·斯密:《国民财富的性质和原因的研究》,郭大力,王亚南译,商务印书馆,1972(12)。

[2] 金相郁:《20世纪区位理论的五个发展阶段及其评述》,《经济地理》2004年第3期,第294~298+317页。

[3] 〔英〕阿尔弗雷德·马歇尔:《经济学原理》,廉运杰译,华夏出版,2005(1)。

[4] 张维群:《指标体系构建与优良性评价的方法研究》,《统计与信息论坛》2006年第6期,第36~38页。

[5] 闫奕荣:《国外主要开发区招商模式的特点及经验借鉴》,《生产力研究》2006年第11期,第163~165页。

[6] 马延吉:《区域产业集聚理论初步研究》,《地理科学》2007年第6期,第756~760页。

[7] 王梦珂:《面向产业新城的开发区转型研究》,华东师范大学,2012。

[8] 邹燕:《创新型城市评价指标体系与国内重点城市创新能力结构研究》,《管理评论》2012年第24(06)期,第50~57页。

[9] 黄群慧:《"新常态"、工业化后期与工业增长新动力》,《中国工业经济》2014年第10期,第5~19页。

[10] 王丽:《基于AHP的城市旅游竞争力评价指标体系的构建及应用研究》,《地域研究与开发》2014年第33(04)期,第105~108页。

[11] 王斌:《中国新型城镇化建设中的产业新城发展研究》,山东建筑大学,2014。

[12] 李俊华:《新常态下我国产业发展模式的转换路径与优化方向》,《现代经济探讨》2015年第2期,第10~15页。

[13] 王际宇、易丹辉、郭丽环:《中国新型城镇化指标体系构建与评价研究》,《现代管理科学》2015年第6期,第64~66页。

[14] 张欢、成金华、冯银、陈丹、倪琳、孙涵:《特大型城市生态文明建设评价指标体系及应用——以武汉市为例》,《生态学报》2015年第35（02）期,第547~556页。

[15] 秦攀博、秦桂平:《论幸福城市评价指标体系的构建》,《城市观察》2015年第3期,第154~163页。

[16] 李晓寒:《当代中国改革的历史进程与基本经验》,中共中央党校,2016。

[17] 任成好:《中国城市化进程中的城市病研究》,辽宁大学,2016。

[18] 何军:《产业新城PPP模式研究》,东北财经大学,2016。

[19] 朱莹:《新公共管理视角下政府招商模式转变研究》,南京大学,2016。

[20] 中国指数研究院:《中国产业新城的探索之路》,《中国房地产》2016年第17期,第14~17页。

[21] 赵红光:《新时代我国科技发展主要矛盾转化及其对策》,《中国发展观察》2018年第Z1期,第66~70页。

[22] 林毅夫:《改革开放40年,中国经济如何创造奇迹》,《金融经济》2018年第1期,第17~18页。

[23] 王义桅:《论习近平一带一路思想》,《学术界》2018年第4期,第26~34页。

[24] 张忠国、夏川:《需求导向下的产业新城产城空间建构思路——环首都地区4个产业新城建设分析与思考》,《城市发展研究》2018年第25（03）期,第138~142页。

图书在版编目(CIP)数据

中国产业新城发展研究报告：2018-2019/黄群慧,张五明主编. --北京：社会科学文献出版社,2018.11
ISBN 978-7-5201-3890-1

Ⅰ.①中… Ⅱ.①黄… ②张… Ⅲ.①城市发展战略-研究报告-中国-2018-2019 Ⅳ.①F299.2

中国版本图书馆 CIP 数据核字（2018）第 247905 号

中国产业新城发展研究报告（2018~2019）

主　　编／黄群慧　张五明
副 主 编／刘雨诗　叶振宇　刘　伟

出 版 人／谢寿光
项目统筹／恽　薇　王婧怡
责任编辑／陈　欣　刘鹿涛

出	版／社会科学文献出版社・经济与管理分社（010）59367226
	地址：北京市北三环中路甲29号院华龙大厦　邮编：100029
	网址：http://www.ssap.com.cn
发	行／市场营销中心（010）59367081　59367083
印	装／三河市龙林印务有限公司
规	格／开本：787mm×1092mm　1/16
	印张：14.5　字数：221千字
版	次／2018年11月第1版　2018年11月第1次印刷
书	号／ISBN 978-7-5201-3890-1
定	价／79.00元

本书如有印装质量问题，请与读者服务中心（010-59367028）联系

▲ 版权所有 翻印必究